光绪宝津局制钱

边昱◎编著

四川科学技术出版社

图书在版编目（CIP）数据

　　光绪宝津局制钱 / 边昱编著. -- 成都 : 四川科学
技术出版社，2022.9
　　ISBN 978-7-5727-0684-4

　　Ⅰ．①光… Ⅱ．①边… Ⅲ．①货币史－研究－中国－
清后期Ⅳ．①F822.9

　　中国版本图书馆CIP数据核字 (2022) 第163217号

光绪宝津局制钱
GUANGXU BAOJINJU ZHIQIAN

编 著 者　边　昱

出 品 人　程佳月

责任编辑　肖　伊

封面设计　悟阅文化

责任出版　欧晓春

出版发行　四川科学技术出版社

　　　　　成都市锦江区三色路238号　邮政编码　610023

　　　　　官方微博　http://weibo.com/sckjcbs

　　　　　官方微信公众号　sckjcbs

　　　　　传真　028-86361756

成品尺寸　145mm×210mm

印　　张　8.25

字　　数　180千

印　　刷　成都市兴雅致印务有限责任公司

版　　次　2023年1月第1版

印　　次　2023年1月第1次印刷

定　　价　168.00元

ISBN 978-7-5727-0684-4

邮　　购：成都市锦江区三色路238号新华之星A座25层　邮政编码：610023

电　　话：028-86361770

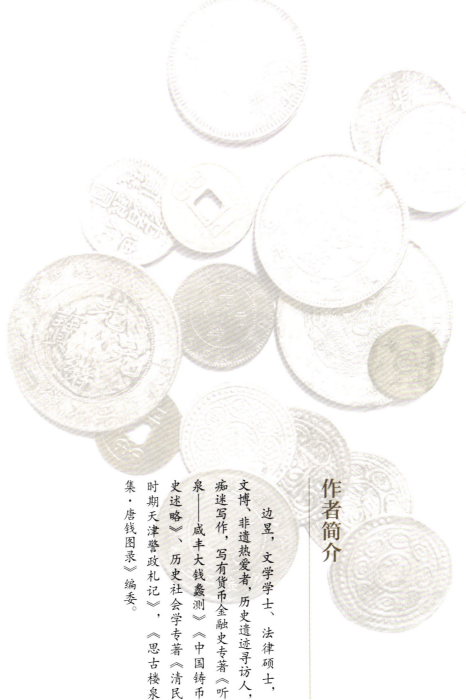

作者简介

边昱，文学学士、法律硕士，文博、非遗热爱者，历史遗迹寻访人，痴迷写作，写有货币金融史专著《听泉——咸丰大钱蠡测》《中国铸币史述略》、历史社会学专著《清民时期天津警政札记》，《思古楼泉集·唐钱图录》编委。

光緒寶津局制錢

壬寅正月 戴志強

戴志强：中国钱币博物馆首任馆长，原国家文物鉴定委员会委员，国家流通文物专家组成员，国际钱币银行博物馆委员会理事、亚洲地区主席，中国钱币学会常务理事、秘书长、学术委员会副主任，《中国钱币》杂志主编，中国金融学会常务理事，中国博物馆学会常务理事，国际博物馆委员会委员，中央民族大学、中国科技大学兼职教授，北京科技大学客座教授、博士生导师，曾任中国人民银行参事。

光緒津沽

壬寅春 孫仲匯

孙仲汇：钱币、青铜器、金银器学术专家、收藏家，原上海博物馆研究员、上海钱币学会理事，上海国际商品拍卖行艺术品拍卖部顾问，宝沪艺术品有限公司"宝沪评级"倡议发起人，钱币学等论著颇丰。

清泉

华光普 壬寅夏

华光普：研究员，钱币收藏家、鉴定家，中国收藏家协会会员，湖南省收藏协会常务理事，"中国历代钱币目录丛书"编委会主编、各卷执笔人，撰写／主编《中国金币目录》《中国铜元目录》《中国古钱大集》《中国历代铜镜目录》等著作。

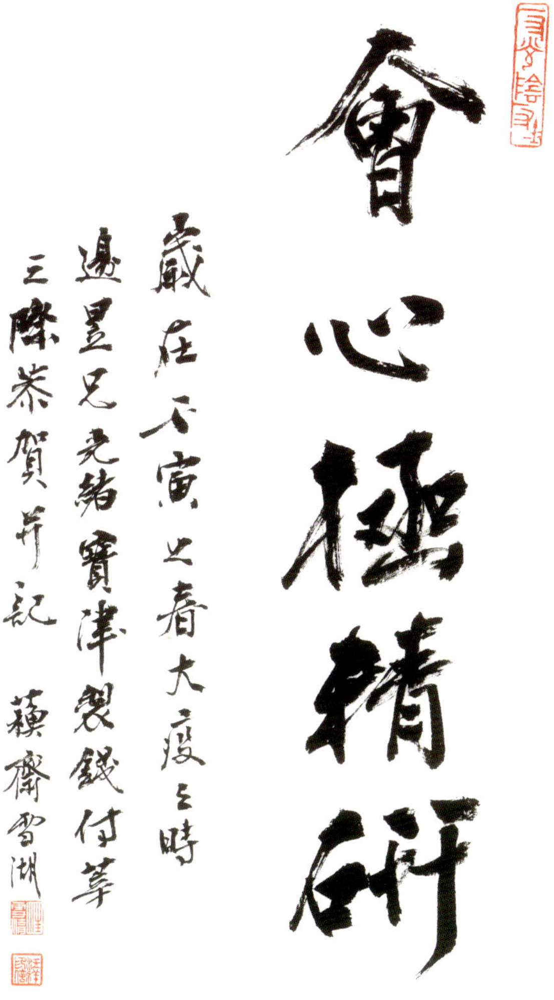

會心儗精研

歲在壬寅之春大疫之時
遽呈見光緒寶津製錢付梓
三隆茶賀斤記　藕儕雪湖

汪洋：钱币收藏大家，清代江苏钱币研究会会长，清代苏局钱币博物馆馆长，中国古金艺术品公司总经理，苏局清钱集藏和研究的领军者，《中国钱币大辞典·清编·制钱卷》副主编，著有《宝苏咸丰钱币图说》。

百钱不满篮 一坐幸玉莫

壬寅春 陈文军

光绪制钱版式研究大有作为

壬寅初春 陈文军

陈文军：钱币收藏大家，易泉网创始人，开保真钱币拍卖先河，华夏古泉网、华夏评级联合创始人，主持编撰有《宝浙清钱谱》。

泉铢气象

金刀客

二〇二三年四月于太原

金刀客：钱币收藏大家，钱币鉴定家，著名钱币行情分析人，古泉园地版主。

序

在近代史上，天津一直是中国北方对外交流的主要窗口，伴随着清末洋务运动的兴起，天津形成了以天津机器局为基础的工业体系。天津作为直隶总督的驻地，又成为李鸿章等兴办洋务和发展北洋势力的主要阵地。发展实业和军事就避免不了要铸币，光绪宝津制钱就在此大环境中应运而生。

对清钱有研究的朋友都知道，相比清代早中期的年号钱，光绪通宝制钱的版式复杂多变，想要系统研究非常困难，目前国内还没有专业的光绪泉谱出版，好友边昱的《光绪宝津局制钱》一书可以说填补了这一空白。

本书虽仅研究光绪通宝宝津一局，内容较单一，但研究得非常透彻：一是用大量的文献和实物来说明问题，引用翔实的史料对宝津局的铸造过程进行梳理，对光绪宝津制钱的版式进行详细分类；二是宝津局在光绪时期的地位非常重要，宝津局之前一直采用传统的母钱翻砂工艺，为了提高效率，宝津局率先采用机器打制的技术来制造母钱，这种先进的技法影响了北方的大多数省份，也为后来北洋机制币的制造打下了基础；三是本书是国内第一本有关光绪通宝版式的专著，开启了光绪制钱研究的新纪元，相信会有更多的泉友喜欢上光绪钱。

艾亮

壬寅年三月初七

艾亮：钱币收藏大家，天眷堂古钱币展览馆馆长，山西天眷堂文化艺术有限公司法人代表。

前言

时光荏苒，不知不觉中居于天津已历二十载，继续扎根下去，这里是我的第二故乡是一点没错了。在近五年之中，我自驾而行，沿着海岸，顺着条条河流，逐村逐景串起一个个闪光的点；在近五年之中，我参观过的文保单位、不可移动文物、景点，已逾千个。如果说，这是对我们脚下这片土地广度的丈量，那么凭借历代遗物，穿越时空去体味历史的过往就是对其深度的钩沉了。

天津是中国历史文化名城，在中国近代史上具有重要地位。凭借优越的地理区位，作为北方最早的开放城市和近代化工业发源地，天津成为中国汲取世界近代文明的理想窗口。19世纪下半叶至20世纪上半叶，天津社会发展的各个领域几乎是全方位地引领中国近代化风气，东西方文明的碰撞交融形成了天津城市历史文化的独特魅力。

光绪十二年（1886年），清政府于天津机器局内设立宝津铸钱局，自光绪十三年（1887年）至庚子事变，宝津局铸币十三年。短短的十三年，不过是历史长河中的一粟，然而，宝津局十三年的铸造行为却影响、引导了北至东三省、西到晋蒙、南包中原地区的中国北方广大区域。之后，以宝津局所积累的先进设备、先进技术、先进理念为依托而设立的造币总厂一度影响了当时中国政府的金融决策、货币政策甚至是经济走向，其地位与作用不容小觑。

我们身处于那段历史两个甲子之后，由于中华人民共和国成立之前战争频仍、社会动荡和资料的缺失，想要揭开这十三年神秘的面纱需要艰辛的努力。这十三年留给我们的疑问太多。当年，为解北京钱荒，宝津局所铸的第一种制钱是什么？北洋各省自用制钱是哪种？各局之间的关系如何？宝津局内部各版式制钱的关系是什么样的？天津本地另一个铸钱局——大沽局的铸造情况是什么样的？西局是否有铸钱行为……这些问题有待我们逐一解答。

囿于个人能力、精力，想把这些问题全部说清楚很难，本书的目的即是作一引子，抛出话题，期待专家同仁的精彩解答。

钱币虽小，但它可以折射出时代的变迁，钱币学科与历史学交融交织，是同时代政治、军事、文化、科技的直观反映。希望大家都可以静下心来，在微观中精于思索，在宏观上跳出个体所限，登高望远把握全局。

成书草率，错漏必然，还望有识之士不吝教正，帮我释惑，不胜感谢！最后，对在成文过程中助我开启思路的各位师友一并致谢！

壬寅年初春于鑫阁

目录

下编　光绪宝津局制钱的版式分类

附录

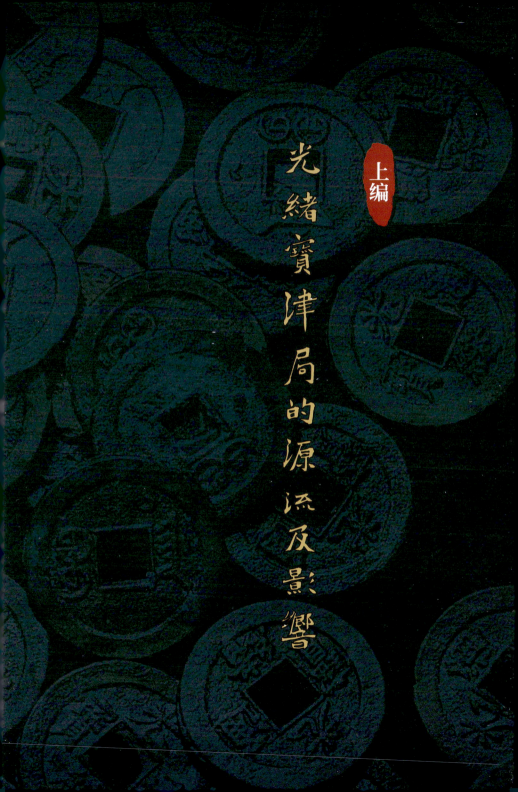

光緒寶津局的源流及影響

上編

第一章

晚清时期，天津作为北方近代化革新前沿地位的形成

从17世纪开始，西方国家进入产业革命和政治革命时期，生产力快速提升，近代文明表现出无可替代的优越性，由资本统治的近代化时期开始，几乎所有国家都无例外地进入转型期。

经过两次鸦片战争，中国固有的历史常规和社会均衡被打破。为自强、自立，国人不得不睁眼看世界，不得不引入西方文明。19世纪40年代，中国南部沿海省份率先进入变革期。

发生于19世纪60—90年代的洋务运动是传统中国的一场早期工业化运动，整个中国开始融入世界，试图走上工业化、近代化道路。

在明清两代的防卫系统中，天津既接近海口，又接近京师，一直负有"拱卫京畿"的职责。在被迫开埠后，天津很快成为中国推行近代化措施的先行地区，成为中国吸纳西方近代文明的制高点，各种大规模近代工业化技法在天津兴起。这一方面是列强基于自身利益的考量，另一方面也是清政府为了实现国家防御力量的增强，是全国防卫系统的一个重要环节。

※ 不仅是直隶总督衙门，在天津地区还出现了级别更低的署理大沽协镇都督府移驻塘沽后也在办理各国交涉事宜等情况

　　作为京辅重地的直隶，其军政长官直隶总督本就高于其他督托，身兼北洋大臣后更是位高权重，直隶总督衙门甚至被外国人称为中国的"第二政府"，时人说"吾国外事尽萃于天津，外交之利害，全国之安危，而恒于是乎卜之，故往往动中外人之视听"，尤其"国家维新之大计，擘画经营，尤多发轫于是邦，然后渐及于各省"。北洋势力之大，遍及吴淞口以北之苏北、山东、直隶、奉天，达于晋、察、热、绥、蒙，极深极重地影响了中国几十年之大格局；尤其李鸿章就任直隶总督之后，不但迎来了其个人政治生涯的高峰期，总督常驻天津后，天津也进入了高速发展阶段，其在全国所处地位日益重要，逐渐形成

※ 直隶总督李鸿章

※ 袁世凯像

南沪北津的格局。袁世凯更不必多说，天津本就是他的事业飞腾之地。这些实权人物，有条件走出一条不同寻常的变革之路。他们有能力突破成法，容忍接纳创新。洋务运动带动、促进天津从传统走向现代化，虽然在整个过程中，有过多次反复，也始终存在新旧两派势力的博弈，甚至于外来侵略的破坏——由于不平等条约和租借地的限制导致民族资本发展曲折，天津也未能走上完整的近现代化道路——但其发展进步仍然是显而易见的。

在这一特殊的发展阶段，天津地区的基本状况是土洋分治而交流频繁。中国人主要居住于老城里，租界位于老城里至海河以西，这样既便于交流，也方便运输。只有海河以东及海河上游近城地区还未开发，但因其紧邻河道、铁路而具有巨大发展潜力，这两个地块逐渐具备了城市发展发动机的身份。

海河东岸的大直沽虽然远在七百年前就已经具备了城市的初步规模，但是到明代初年天津卫城建成，与卫城隔河相望的海河东岸、大直沽以北还没有明显的发展。到19世纪中叶，海河东岸仍处于未被开发的农村和荒野状态。除大直沽以北至东浮桥是盐坨地以外，零星分布着下盐坨、大王庄、唐家口、李公楼等小村庄，离河稍远的东面，分散着沈家庄、王家庄、郭家庄、旺道庄等村落。根据道光二十五年（1845年）版《津门保甲图说》记载，这几个村居民总数还达不到千人，且"四周多旱田"。与此形成对比，天津自咸丰十年（1860年）开埠之后，海河西岸紫竹林一带及英法租界"大楼广厦高二三层，气象巍峨，码头等处，力夫云集，

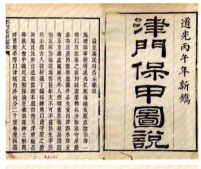

※ 津门保甲图说

※ 保甲图局部

甘肃、蒙古运来之土产，纷纷然装卸于其间，以便转运外洋，广建大栈，满储货物"。列强开辟海河西岸租界正是由于这里离天津城较近，水陆交通便利，而海河东岸离旧城远，又有大河阻隔，劣势明显。

　　光绪四年（1878年），开平矿务局在李鸿章力主下投产，李鸿章希望通过创办开平矿务局，抓住天津市场，并通过天津经水路串联烟台、上海，影响南方市场，支持上海的洋务企业。在这个大方向下，开平矿务局总办唐廷枢认为："欲使开平之煤大行，以夺洋商之利，及体恤职局轮船多得回头载脚十余万两，苟非由铁路运煤，诚恐终难振作。"他主张采煤、炼铁、筑路并举。光绪六年（1880年）、光绪十二年（1886年），唐廷枢多次向李鸿章提出建议，并在天津海关税务司德璀琳帮助下，李鸿章同意将唐胥铁路延展至芦台，由伍廷芳任开平铁路公司总理，唐廷枢任经理。

光绪十二年（1886年）十月十六日，李鸿章在致奕䜣函中指出："上年大沽口内河水涸浅，轮船运货运漕不便，有谓宜从大沽修铁路至天津紫竹林者。臣鸿章因集资不易，暂置缓图，但基本办法条理，不妨从容筹计。"光绪十三年（1887年），李鸿章奏请修筑津沽铁路："所请由大沽至天津百余

※ 奕䜣像

里之铁路逐渐兴造……于军旅、商贾两有裨益。"在他的努力下，光绪十四年（1888年）九月初五，津沽铁路全线通车，海河东岸成为天津最早兴建铁路的地区。天津海关税务司德璀琳认为"可将1888年视为天津编年史上开纪元之时期。本年实属进步之年……开平至天津铁路之开通，是为主要特点"，"在这人烟稠密之地，其众多道路皆由本埠伸及四方，而本埠又为该区

※ 唐胥铁路通车纪念照

※ 醇亲王奕譞呈报津沽铁路通车的奏折

之唯一销场"，"天津贸易前程似锦"。

津沽铁路通抵河东，老龙头车站又设在河东，这就完全改变了海河东岸长期闭塞的格局，尤其是稍后，铁路向东北通往山海关和东北地区，西面通往北京和西北地区，使天津与东北、西北连成一体，河东货场成为极其重要的物资集散地。由此，在海河东岸出现了一片东有铁路车站、西有河岸码头的巨大空地，同时还拥有了用之不竭的水源，一个工业基地的产生具备了基本条件。在当时的天津，老城区作为主要的华界地区，经济上日益衰落，海河西岸租界区近现代化建设多数属于民用公共事业，即使有少量工业也因为规模小和远离河道、铁路，不会有大的发展，唯有河东地区不但成为天津经济发展的源泉，同时还引发了河北新区的形成，并使之成为天津华界的行政文教中心。

※ 现在的河东依然有工业基地的影子

正是由于这些客观条件的具备，天津才有可能成为变法革新、引入近现代工业与思想的桥头堡，成为当时中国北方的发展中心。

洋务运动初时，以"自强"为标榜，"自强"以练兵为要，练兵又以制器为先。李鸿章认为"中国欲自强，则莫如学习外国利器；欲学习外国利器，则莫如觅制器之器，师其法而不必尽用其人"。洋务派所说的"自强"就是要"以练兵为要，制器为先"，"制器为先"就是要制造西式军火器械，向军队提供"制胜之器"，同时"欲自强，必先裕饷；欲浚饷源，莫如振兴商务"。

咸丰十一年（1861年），清廷首先在北京设立"总理各国事务衙门"，总理衙门成为清政府办理各种洋务的专管机关。各地也陆续开设了专门的洋务机构：曾国藩于咸丰十一年（1861年）在安庆设立"军械所"；李鸿章在上海设立炮局并于次年迁入苏州，称苏州西洋炮局；同治四年（1865年），曾国藩、李鸿章在上海设立江南制造总局，同年苏州炮局迁入南京，改名金陵机器制造局；同治五年（1866年），左宗棠在马尾设立福州船政局。随着形势的发展，人们的目光转向了主客观条件俱佳的天津，同治六年（1867年），中国北方第一座军工厂落户天津。

清廷在天津设立兵工企业的主要原因：一是距京师近，所造产品有助于提高首都驻军战力，提高首都防卫能力，"练兵之要，制器为先""直隶既能练兵"，京兵"神机营练威远队""自应就近地方添设总局"，制造"洋炸炮，各项军火机器"。二是天津本身就是"京畿"要地，是北京东南之屏障，这种"北拱神京"的地理所在也必须将自身打造成一座坚不可摧的军事堡垒。三是津沽之地交通便利，利于运输，利于人才交流，有可供利用之良田，如海河东岸大片的优质工业用地。四是当时的三口通商大臣、兵部左侍郎崇厚在津大力推行洋务，而且崇厚与洋务领袖恭亲王奕䜣交好。

总理各国事务衙门提出了在津创设制造军火的机器局之建议，崇厚是极为赞成的，这和他在同治元年（1862年）于天津大沽小规模试制军火的思路恰相吻合。

同治四年（1865年），许彭寿、潘祖荫上奏要求将上海洋炮局之"谙悉制造火器之员"分拨天津一部分，朝廷即命两江总督李鸿章"妥派员带领谙熟制造火器之匠役数人赶紧前来"。李鸿章一面派常镇道潘鼎新来津，一面上奏朝廷："臣仍饬潘鼎新到直隶后，察酌情形，禀商崇厚等，如应设局制造，即妥议章程，再由臣饬商丁日昌，酌派该局熟练之员，带领匠役器具，由轮船赴津，开局铸造炸弹，以资应用。"

江苏藩司丁日昌在《条复总理衙门致各省将军督抚条说》中曾言"机器厂宜设天津，以资拱卫取携。天津距京不远，而又近海，购料制造不为费手，宜速于扼要处添设机局厂，俾资在京员弁就近学习，以固根本"。

同治五年（1866年）七月初六，总理衙门在所上《直隶筹饷练兵事宜》附片中向朝廷要求："一切机器，尤宜设局募匠，先事讲求，或在都城，或在天津，派员专司制造，请一并商议施行。"

同治五年（1866年）八月二十八日，奕䜣等上奏："臣等商酌拟即在天津设局，总局专制外洋各种军火机器。或雇何项洋人作教习，或派何项员弁作局董，拣选何项人物学习，或聚一局，或分数局，教习学习等名数若干，薪水若干，材料匠役及杂项用费若干，应由三口通商大臣崇厚悉心筹划，妥立章程，咨明臣衙门会商议定。其一切款项，即由三口通商大臣酌定支发，准于关税项下作正开销……臣等思练兵之要，制器为先，中国所有军器，固应随处选将购材，精心造作；至外洋炸炮、炸弹与各项军火机器，为行军需要，神机营现练威远队，需此尤切。"

这篇奏折呈上之前，兵部也曾上过《练兵需用军器条陈》，内亦有"由直隶派员在天津设局制造"之议。同治帝览过这篇奏折，当即御批："依议。"

同治六年（1867年）正月二十三日，崇厚又向朝廷上奏折："天津仿制洋火药机器，设局办理，前经奏明由丹国领事官、英人密妥士代为采买器具，雇觅工匠在案。据密妥士声称：本年夏间，所觅工匠即可先行到津，指画建盖厂房等事，其机器众多，由英国雇船陆续运津。是夏间即须赶办开厂事宜，诸务纷繁，必得大员总司其事，方资得力。查有前任奉天府尹德椿，曾任通永道员，随同奴才办理海防支应，人极勤慎，于地方情形，亦甚熟习。可否仰恳天恩，饬令该员来津委差，以资臂助。"

此奏折中所云"丹国领事官、英人密妥士",乃是曾任丹麦领事的英国商人,崇厚全权委托他"将外国专制火药器具并设厂雇工一切办法费用查明",并"代为采买机器,觅雇工匠"。密妥士告其机器已从英国定购,工匠亦自英国觅得,本年夏即可到津。

在上过这篇奏折后不久,崇厚又给英国人戈登写过这样一封信:"滋有恳者:本处仿练西国兵队,应需之洋造火药,已托密妥士大老爷代为采访,拟即设局制造。其制造枪炮一切器具,西法皆用机器造办,甚为精良。本处亦有设法仿办之意,尚祈推情代为访听,全分机器若干?工师可否请来?如在中国设局应若何办法?需银若干?详细示之,以便酌办。一切细情,并托薄郎大老爷致函代达。"

戈登曾帮助清廷练兵,协助镇压过太平天国,崇厚请他帮助筹划设局事宜。信中所提及之"薄郎大老爷",即任清廷京营马队总教官的英国军事专家薄郎。崇厚请戈堂、薄郎为其策划,使天津机器局创办伊始便重重地涂上了仿英色彩。

同年八月初七,崇厚给朝廷上奏:"上年冬间,总理各国事务衙门奏准,在于广东轮船变价下,先行提拨银八万两,由丹国领事官密妥士请人赴外洋采办机器,觅雇西匠来津设局制造火药等项,已将筹办各情,先后奏明在案。顷据密妥士面称:现接英国来信,所有制造火药铜帽机器,均已买妥,共用二万一千金镑,核银约七万余两。应雇大船三只运送来津,每船需雇价三千余金镑,共需船价约三万两上下。又因机器多系重大之物,不能装入船舱,其内舱空处,拟用别物压载。英国煤斤,用做压器甚为合用,而较中国煤价值又廉,应买煤一千数百吨,压载前来,两得其便。尚应汇一万金镑前去,计核银三万三千三百三十两三钱三分,以便照办等语。自应如数补给。经奴才于洋税、药厘两项下,拨给三万三千三百三十三两三钱三分,交密妥士兑收,汇寄购办。又据教练京营马队之总教练薄郎论及,查有修造枪并仿制炸子开花炮等机器，可以在上海、香港等处就近采办，并延得英人狄勒前来，先行试办。兹已陆续拨发银数千两，购运来津，在于城南设局。经德椿督同委员添盖房屋，安置各种机器。如能仿造合式，亦可随时制办。应需款项，一俟购齐，由奴才核明价值数目，并洋人薪工匠役工价，汇案咨报总理衙门查核。"

在多方努力下，天津机器局顺利开工兴建。

天津机器局有东、西两局，崇厚最初在城东贾家沽购地两千余亩[1]兴建东局，同治六年（1867年）四月正式开局，初名军火机器总局，在东局筹备期间，因直隶练兵急需劈山炮和开花炮，若待东局建成后开造缓不济急，崇厚提出在津先设专器制造并获得批准。同治六年（1867年）八月，在天津城南海光寺建规模较小的西局，亦称南局，开工生产炸炮、炮车、炮架，并承担东局修配任务。按清人张德彝记述："至海光寺，殿楼高大，庭院清凉，左院为机器总局，烟囱高迥，一如外邦铁厂，黑烟直吐，颇有上海之风。门外横额，一曰'善其事'，一曰'利其器'。所储机器暨所造炮位与他处同。"海光寺之西局同年已形成生产能力，崇厚决定设局制造洋火药，"足补南局所未备"，待制造火药"走上轨道"后，再立项制造枪炮，而光绪十年（1884年）的《津门杂记》，光绪二十四年（1898年）的《津门纪略》皆先记

※ 西局沙盘

※ 西局外景

---

[1]1 亩 ≈ 666.7 平方米。

西局后记东局。同治七年（1868年）一月，崇厚奏称"已将应需器具先后购到，在城南海光寺择地设厂"。同年，海关《关册》载"清政府在海光寺已经建立起一座小的轮炮厂"，"以往九个月，它铸造了十二尊很好的十二磅子铜炸炮，每尊重四百五十磅。炮车、炮架等也都在厂中制造"。"在白河东边对岸的大直沽，距此约三英里半，清政府已开始建立了一座火药铜帽制造厂，也由外国人监督。这个厂的建筑刚开始，大约在一八七〇年秋天以前，还不能完成"。

同治七年（1868年）四月十八日，英国驻津总领事摩尔根报告，东局于"三月初，厂址已经选定"，"现在每天雇着一千至一千二百中国小工和泥瓦匠、木匠，在赶造房屋"。这说明：一、同治七年（1868年）西局已经建成，并最晚在这年已制出铜炸炮等军用品。二、东局于同治七年（1868年）三月才动工兴建，至同治九年（1870年）秋才初步建成。

※ 东局现状

※ 东局现状

※ 北洋机器制造总局大门

同治九年（1870年）十一月十八日，新任直隶总督李鸿章第一次视察东局后奏称"惟该局规模粗具，垣身尚需加修，机器尚需添置，火药亦尚未开造"。以上均为两局之先后的证明。天津设局制造洋火药为中国近代制造火药之先。同治六年（1867年）四月，天津军火机器总局［同治九年（1870年）改名为天津机器制造局，光绪二十二年（1896年）改名为北洋机器局］开局，选址贾家沽一带，面积二十二顷三十余亩。光绪十

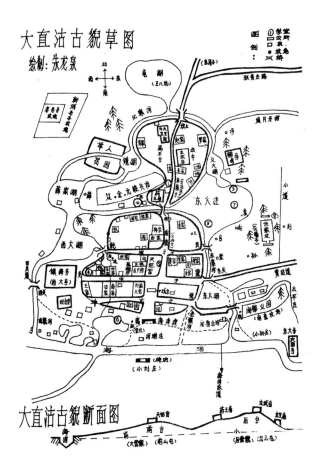

※ 大直沽古貌草图

年（1884年）刊刻的《津门杂记》记述："机器局即制造局，一在城南三里海光寺""一局在城东十八里大直沽东北，人称东局"。东局子即天津机器制造局主厂址，即现在陆军军事交通学院所处的东局子一带，而贾家沽在清同光年间（1861—1908年）属大直沽地域。

1938年刊刻的《天津政俗沿革记》记载：天津机器局，"在城东十八里，曰贾家沽道者"。高凌雯在《志余随笔》中记述："游击姚怀德当崇厚为三口通商大臣时，议设机器局，崇以其事属姚，大直沽地址即所采择现模甫具。而李文忠来，姚遂引退。"《天津府志》曾有"巨栋层楼，广场列厅，逦丽相属，参错相望。东则帆樯沓来，水栅启闭；西则轮车转运，铁辙纵横，城堞炮台之制，井渠屋舍之观，与天津郡城遥相对峙，隐然海疆一重镇"的描述。

同治九年（1870年）天津教案后，崇厚以钦差大臣身份赴法国调停，由直隶总督李鸿章接管天津机器局，"天津设立机器局经崇厚饬在事人员度地庀材，随时监视密妥士等认真经理，现已一律告成"，"崇厚现在出差，就如何斟酌添制开拓之处，着李鸿章妥为筹划，奏明办理"。李鸿章接办天津机器局后调

※ 机器局产品

整人事，引进设备提高产能，将机器局建成为亚洲最大的火药制造厂。天津机器局是完全官办，其经费主要部分是占比达四成的天津和烟台海关收入。

第二章

制钱的极度匮乏和"规复制钱"运动

　　鸦片战争后中英《南京条约》的签订，标志着中国开始沦入半殖民地半封建社会的深渊，清王朝政治腐败、经济落后，西方列强通过一系列不平等条约，迫使清政府割地、赔款、允许租界设立，由此大量财富外流，政府国库空虚，市场货币匮乏，当时沿海省份制钱走私外流蔚然成风。制钱是政府准予在市场流通的法定货币，由钱法规定钱式、重量和质量，由官炉制造，清政府由中央控制各省钱局的设置，开炉多少、何时开炉、何时停铸等均需请示，材料采办、铜材配比、成本控制等均有严格要求，对于搭配兵饷的要求，对于违规行为的处罚均有详细规定。从咸丰七年（1857年）四月户部侍郎王茂荫片"外人私运制钱出口请广事铸造"、咸丰七年（1857年）九月廷寄"令江浙两省设法阻止制钱出口"，光绪二年（1876年）十二月直隶总督李鸿章致总理衙门函"关于贩洋商贩运制钱"，光绪十二年（1886年）十二月署湖广总督裕禄折"请暂禁轮船洋船装运铜钱出口"，光绪十三年（1887年）八月御史黄煦片"请禁洋人购运制钱"、光绪十三年（1887年）八月廷寄"著李鸿章等查明洋人销毁制钱情形并严行禁止"等公文可以看出制钱外运之患的严重程度，当时的社会舆论对此也有热议，《申报》就曾刊文"论制钱缺乏之甚"予以针砭。制钱的私销私铸严重破坏了政府的货币管理制度。制钱的走私参与者有英国、日本等国，天津在当时是制钱走私的重要基地。十多年前天津塘沽外滩附近上海道现八方园明商业区施工时曾挖出大量光绪制钱，疑似当时欲走私物品，现在这批物品主要保存于滨海新区文保所，作者作为挖掘工作的亲历人，印象十分深刻。

※ 现存于文保单位的此批出土制钱　　※ 制钱出土位置

　　走私外流的制钱熔为铜块后回流中国可以套取高额利润。随着国际国内形势的变化，铜价逐年上涨。有清一代，铜材进口基本没有停止，自光绪初年起，洋铜入境逐渐迎来了鼎盛之期——光绪十一年（1885年）七月，户部"购东洋红铜板一百万斤[1]，又红铜砖一百五十万斤"；十二年（1886年）九十月间，"购买

---

[1] 清代一斤为十六两，约为 596.8 克。

东洋古河铜砖计库平三百万斤，又购住友红铜板百五十万斤"；光绪十三年（1887年），"购德商铜一千吨，每吨一千六百八十斤，共计一百六十八万斤"。此后，户部不断由津海关和沪海关订购日本洋铜，直至创兴铜元，以至逊国。

清初至光绪初年（1875年）采办日本洋铜的价格在十二两至二十两，涨幅不大，如光绪十一年（1885年）徐承祖受户部委托，在日本购买铜斤的价格及由沪运至京局水脚，每百斤也不过需银二十两。但随着清政府进口数量的不断增加以及日本产铜量的下降，铜价开始不断攀升，光绪十五年（1889年）"洋铜每百斤计银十三两有奇，递年增至十七八两"。据统计，光绪十六年（1890年）紫铜锭块每担值关平银十四两，光绪十七年（1891年）值十六点一三两，光绪十九年（1893年）值二十一点九九两，光绪二十二年（1896年）"时铜价已二十一两，至一八九八年，每百斤价至二十八两"。特别是光绪二十一年（1895年）以后，因甲午战争爆发，中日贸易断绝，从日本进口洋铜的数量开始锐减，至此，

奏为京铜例价查有情形遞難規復應請仍照前督臣岑毓英原奏變通辦理恭摺仰祈聖鑒事竊查前督臣岑毓英以採辦京銅艱難今昔情形迥異於同治十三年奏請變通辦理免抽課銅加增本脚部議暫准照辦仍令將加增本脚銀數酌量刪減以符定制復經前督臣以的加銀數均係核實議定請後十年後各廠興旺民物豐盈再行規復舊章部議以立限過寬准予限三年限滿仍令遵照定例給發自是以後應住督撫屢屢請展緩限期仍照新章發給本脚議稱各在案光緒十三年夏臣奉命到滇興前督臣岑毓英商議礦務岑毓英謂非加增銅價不能鼓舞作興廠務終難復舊迨以前請加增本脚銀數部議尚未定准迅俟公司辦有規模再行查看情形現在公司繳齊九起頭批京銅後正超辦二批京銅臣半年來朱連件考

※ 奏折影印件

洋铜的鼎盛时期暂告一段落，铜价更居高不下。

与此形成对比的是滇铜产能低下，不敷使用。为保证京师用铜，"规复制钱"运动同期，清廷于光绪十三年（1887年）特命唐炯以巡抚衔督办云南矿务。唐炯认为，振兴矿务应"以招集商股、购买机器为两大端"，因为"非商股不能辅官本之不足，非机器不能济人力之穷乏"。他上任后，除了暂时保留招商局以扣收"厂欠"外，又成立矿务局，重新"招集商股"，筹组"招商矿务公司"，"商本商办，缴铜发银，委员驻厂，有司弹压保护收运铜斤，俾界限划清，公私两益，庶堪持久"，同时委天顺祥商号分赴川广、汉口、宁波、上海等处招股。富商大贾对清政府存有戒心，又见前"矿务招商局"之经营毫无成效，以致所收商股不多，且大部分都是唐炯以个人名义向天顺祥商号挪借的款子。

矿务公司成立后，唐炯先是广开矿厂，力求通过扩大生产规模，提高总体产量。他"先于巧家、永善、鲁甸、威宁设立新厂，分布十二厂，开凿曹硐深至二三百丈不等"，其次大力改进生产技术，奏请"购买东洋开凿、通风、洩水三种机器，以便开采"。在经营策略上，唐炯实行矿民自行采炼和官府"放本收铜"相结合的经营策略，"督饬招商局知府全懋绩就现有资本尽力开采，并广谕绅民觅厂试办，以凭采买"。

唐炯督办矿务公司以后，共承办京铜约十九批二十八起，按每批正、耗、余三项总共一百三十五万余斤计算，其在职期间共办运京铜二千五百六十五万余斤。公司开办前期，亏损甚多，自光绪十四年至二十四年（1888—1898年），共亏六十五万两有奇，幸同时许其专利，运锡赴川，方能暂免破产。光绪二十九年（1903年），云南爆发了周云祥起义，个旧矿工纷纷参加了起义队伍，"猝不及防，遂至临安失陷，省城振动"，致使公司不得不停止经营。内外交困之下，百斤铜庚子之年已值三十二点三〇两，至光绪二十八年（1902年）达三十六点〇五两之高峰。客观形势为"规

※ 中央局小面值虚值货币

※ 各局小面值虚值货币

※ 南方局小面值虚值货币

※ 咸丰年间当十铁钱和同治、光绪年间虚值货币

复制钱"运动中，制钱不断减重、成色不断下降埋下伏笔。

这一时期，由于长年战乱，通货膨胀尤为严重，全国尤其京师地区自咸丰朝始大量使用铜铁铅虚值货币，北京甚至专门设置铁钱局五厂与泉源局一起开铸铁钱，虚值大钱的使用延续至光绪年间，市场抵制、流通阻滞，而制钱极为短缺，各省情况均可用"钱荒"二字概括，生产生活均急需大量足值制钱救市。按湖广总督官文请规复制钱折："奴才愚见，现在京城钱法，惟有仍收制钱搭放兵饷，如直隶、山东、山西、河南应解钱粮，崇文门、天津、山海关、张家口等处税务，并报销各项，均令交部库银钱各半，部库积日累月，渐渐搭放，按定例制钱一串抵银一两，出纳均平，物价自渐多寡不同，实于兵民大有利益。"当时户部尚书奏请饬两湖江浙赣粤解钱到津准备规复制钱："此亟宜停大钱以复制钱也。"光绪二年（1876年）十月初六，通政使于凌辰上当十大钱价贱银昂请复制钱折："贫民终日之役力，仅供一饱犹或赡，以致旗民交困，生计维艰，日甚一日。推原其故，都城日用取给各省，京市以大钱计值，外省皆以制钱计值。"光绪九年（1883年）十一月二十八日，给事中周鹤上请规复制钱并陈北京钱市紊乱情况折："止及于京城不能遍及于四远，亦可见民间不便之一端矣，且行之既久，私铸日增，官钱不足，因而焚销挽和，百弊滋生。"光绪十二年（1886年）七月初八，侍讲学士龙湛霖上请规复制钱折请求铸造制钱。这种情况下，慈禧要求应鼓铸制钱各省"一律开炉铸造，以户部总司其事"，户部奏称"各省一律恢复钱局实难"。慈禧认为户部"堂官不能仰体朝廷裕国便民之意，饰词延宕，实属大负委任，户部堂官均著交部严加议处"。光绪十二年（1886年）七月十四日，醇亲王奕𫍽等上奏请以三年为期规复制钱并拟定办理章程，"钦奉皇太后懿旨：现在钱法亟应整顿，如何筹办铜斤，加炉鼓铸，以期渐复旧制之处，着军机大臣会同户部工部堂官妥议具奏，醇亲王奕𫍽一并与议。钦此。年来累奉谕旨，整顿云南矿务，节经户部咨行该省督抚认真开采，将解京铜斤加倍办运，并于上年五月间奏请采买日本洋铜解京。现在钦奉懿旨，饬命筹议整顿钱法，以期渐复旧制。查上年奏购日本洋铜，成色尚好，价脚核实，又查外洋行用银钱，皆用机器制造，式精而工省。刻下直隶、江苏等省，俱设有机器局。并请饬下直隶、江苏督抚查明，于机器局内添购机器，制造制钱。至现在各省，制钱均极短绌，虽经户部催令开炉，迄未兴办。当此整顿钱法之际，理宜通力合作，疏浚利源。相应请旨饬下例应鼓铸制钱各省督抚，一体赶紧筹款，采购铜斤，开炉鼓铸。如果一二年间制钱稍裕，亦可酌筹储积解运京师，以佐规复制钱之用。"光绪十三年（1887年）正月二十七日，醇亲王奕譞等复议户部筹铸制钱办法折："此次户部奏请于各省运解制钱，意在辅京局鼓铸之不足。机器铸钱，仍应令直隶、江苏等省严实举办也。应请饬下李鸿章等仿照福建章程，再行切实筹议，不得畏难推卸。"光绪十三年（1887年）正月二十七日，廷寄着直隶购机试铸新钱："着李鸿章先行购置机器一分，就天津机器局赶紧鼓铸运京应用。每钱一文，均以重一钱为率。京局及各省一律照办，不得稍有参差。至京局铸钱，尤须铜质光洁，砂滓淘净。"

第三章

宝津局的制钱及该局对周边省份铸钱业的影响

为防止经济崩溃，平息民怨，上谕李鸿章利用天津机器局以离京途近、设备便利的条件铸造货币，增加投放量，以解燃眉之急。李鸿章在光绪十二年（1886年）引进外国制钱机器，光绪十二年（1886年）九月在天津机器局内设置宝津局，光绪十三年（1887年）生产了一批光绪制钱。现在可见的李鸿章光绪十三年（1887年）四月十二日《中法铸钱运京折》中记载："奏为遵奉懿旨订购外洋铸钱机器，先用土法鼓铸专备运京济用，请于节京饷内拨给工本。"

"窃照醇亲王等会议整顿钱法一折，钦奉本年正月二十七日懿旨，规复制钱必应广筹鼓铸。著李鸿章先行购置机器一台，就天津机器局赶紧鼓铸运京备用，嗣后每钱一文均以重一钱为率，京局及各省一律照办等因。钦此。遵饬天津机器局，前福建藩司沈保靖、候补道潘骏德，会同天津道海关道，详细访询外洋铸钱机器样件、价目。据查各洋行开呈清单，器具多寡不一，价目悬殊，每分自三万余两至七万余两不等。机器造法本与中国模铸不同，

再飲奉光緒十三年正月二十七日

懿旨規復制錢必須廣籌鼓鑄著李鴻章先行購置機

器一分就天津機器局趕緊鼓鑄運京備用等因欽

此遵飭天津機器局前福建藩司沈保靖等擇

要定購英國格林活鐵廠鑄錢機器一分凡可

就局中廠屋器具歸併勻用者概不購買俾從

節省議明英金五千三百八十三磅合中國銀

二萬二千餘兩水腳保險在外先由該局暫行

挪款墊付半價俟機器運到連後半價核明若

千一併奏請撥給經臣於上年四月十二日覆

奏並以機器由外洋造成運到需時應先用土

法鼓鑄關京濟急等因奉

硃批著照所請戶部知道遵行遵辦在紫茲據

沈保靖等呈稱此項鑄錢機器現已到津點收

又續經添購錢模連外洋至上海水腳保險費

共合英金六千二百二十二磅十喜林八本士

如以上海棧租上下搬力起重費並運洋水腳

共折合庫平銀二萬七千八百七十二兩九錢

※ 奏折影印件

其自熔铜，卷片以至成胚、凿孔、印字、光胚，挨次相连，又非多建厂不敷。分设事体本极繁重，工本必多亏折，惟既钦奉懿旨饬先购机器一分试铸，亟应设法妥筹。该局前曾将中国制钱寄至英国格林活铁厂询购机器，据该厂开呈需英银八千余镑。因饬往复讨论并就局中厂屋、器具归并，凡可通融匀用者，概无庸购买，俾从节省。"

"惟此项机器屡次电商，至速须八月间造成，由英国装船起运，计运到天津已在十月以后。又须按照机器式样修盖厂屋，安轴置器，约至来春方可开铸。诚恐缓不济急，有误京中要需，自应先用土法鼓铸并行不悖。"

"臣于上年九月间饬天津道胡燏棻即在津郡创办名为宝津局，业据挪借款项购买外洋铜铅，建厂置器，募匠开炉。自冬徂春，考核造法，钱样、工本，渐已就绪。其铸出新钱共成八千余串，较福建所铸者加重五厘，每文计重九分，颇称坚洁，商民皆甚乐用。臣于二月间入都时，已将机器局用洋法试造钱样及土法钱样二种面交醇亲王，转呈慈览，仰蒙嘉许，臣并将钱样面交户部钱法堂查阅。现饬天津机器局一体暂照土法采购铜铅，就局中隙地建厂开炉。与天津道分投承办俾可多铸，早日济用。均遵懿旨每钱一文以重一钱为率，勿稍参差。"

"刻值开办之始，事事皆系创置，且钱质加重，工本势难减少，计方折尚不甚多。采购铜铅系按目前时价，倘日后增减，随时核报。"

"自本年闰四月起计一年内，应令各认造新制钱五万串，共十万串，专备运京之用。至于天津市面行用制钱常有缺乏之时，除天津道已造者业经发给外，另由该道等筹款酌量另铸。"

"所有责成天津道机器局先照土法共认造制钱十万串，系专备运京之用，约需铜铅各项工本银七万六千九百余两，连建厂、设炉及每月员役薪工等费拟恳天恩俯准拨给银八万两，即在本年长芦盐课应解京饷内就近截留。如蒙俞允，仰祈特旨饬拨以济要需，事竣据实咨部核销。至外洋机器铸钱铜多铅少，质样最精亏折亦较重，每制钱一千实需铜铅各项工本若干，应俟机器运到开铸后，核明确数再行专案奏办。"

由上述内容，我们可以清楚地看出：一、市面制钱的匮乏程度已经相当严重紧急。二、同意用先进机器铸币，但一是成本过高，二是时间太久，所以先行土法翻砂制币以解燃眉之急。三、铸币成本主要由长芦盐课承担。四、先期钱质加重，日后会根据成本核算加以增减，宝津局制钱绝非一成不变。五、第一批制钱有重九分者。六、已有部分机器可以开工，所以，有洋法试造钱样，可以上览检校。七、存在土法翻砂制币时运用机器生产提高效益的可能性，比如利用机器制祖、工作模。八、制钱专备运京之用，而天津市面用钱"由该道等筹款酌量另铸"，省城用钱"在保定建厂置器，募匠开炉，以济省城商民之用"。

以上，最后两点较为重要。机制母钱以日本使用较早，但规模不大。因现在尚不清楚光绪时机制母钱的机械化程度，因此不纠结打制与机制的问题，此类母钱暂以机制母钱统称，但随着时间的推移，机械化程度越来越高、币胚逐步硬化是没有问题的。

　　天津本地行用与解京之钱，虽都是宝津局造，但为区分成本来源、不至造成混乱，因"至于天津市面行用制钱常有缺乏之时，除天津道已造者业经发给外，另由该道等款酌量另铸"，所以版式也极有可能不一样，且京者品质应当优于在津行用者。

　　现参考英国格林活铁厂宝津局光绪通宝样币，宝津局自行以英国模具试造银质呈样等以及大量存在的第一批宝津局光绪通宝机制币可以推断，宝津局少量试铸机制制钱后土法所造制钱输京者就是光绪制钱窄穿大样一品，其直径为二十三点三至二十五点三毫米，重量由稍过两克半至四克九，并于背后星纹区别炉记。这批钱存在以机制母钱土法翻砂的可能性，因早期机制母钱制作技术尚不成熟，使用中会出现问题，以致现在所见的制钱实物多有翘体及币面不平整的现象，从不平整的钱体和文字的风格中也可以感觉到软体母钱的气息。光绪十五年（1889

※ 宝津局输京制钱

年）才开始大规模运
用机制母钱等新技术
和工艺铸币，此时的
技术更加成熟。

　　作为输京解荒的
重要钱局，宝直局也
背负着铸钱五万串的
重任，此批直局制钱
应当是与宝津局窄穿
大样文字风格一致的
缶宝版大样，其版式
按背日月星炉记的有
无、位置、大小及类
似于宝泉局重宝当十
的背穿缺口炉记等分
为诸多种类，这类制
钱有较为明显的批次
减重现象。之后十多

※　宝直局输京制钱

年的不断减重过程中，津、直两
局基本同时行动，制钱版式也存
在你中有我、我中有你的情况。
津直大样应是同一批解京之物。
直隶省府保定自有直局，满文本
就不同，但自咸丰年间（1851—
1861年）设于天津的宝直分局光
绪年间（1875—1908年）是否继
续鼓铸尚有待考证，直局光绪制
钱确实有方头通尔宝版式，虽然

※　与咸丰年间设于天津的宝直
　　分局所铸咸丰通宝风格近似
　　的光绪通宝制钱

与方头通尔宝咸丰制钱存在变体差异，却似一脉相承。

为解本地钱荒，北洋势力范围内此一时期开铸制钱的除了津、直外还有山西宝晋局，山西宝晋局是否输京没有找到确切的记载，可以确定的是同时期山西宝晋局确实开铸了制钱。宝晋局有明确记载的开铸主要分三期，第一期是光绪十年（1884年）："谨将晋省宝晋局光绪十年初次试办洋铜五万斤，由天

※ 宝晋局第一期光绪制钱

※ 宝晋局第三期光绪制钱的几种版式

津机器局代订购洋铜，自天津运解晋省"，"遵照定章每文以重一钱为准，毋得偷减草率，务令式美质坚，以便民用"。这批铸造的制钱字体怪异、重一钱，日本《光绪通宝分类考》称之为尔

※ 光绪十三年（1887年）"规复制钱"运动宝晋局所铸制钱

※ 津、直、晋统一版式制钱

※ 五局制钱对比图（正）

※ 五局制钱对比图（反）

※ 断代不明的宝晋局制钱

※ 宝晋局夹心钱

※ 宝晋局夹心钱侧图

宝单点通大字。第三期铸造在光绪二十五年（1899年），护理山西巡抚布政使何枢所奏"遵旨于二十五年十一月先开一炉，本年添一炉鼓铸制钱，每月可铸出两千串"，所铸重量为"七分四厘"。宝晋局第二期开铸就是光绪十三年（1887年），和津、直、东同期而动，而这一时期津、直、晋存在统一版式——小字版大型，该品重一钱。此版式背满文与输京者风格一致。津、直、晋统一存在的小字版很有可能是本省行用之钱。因北洋势力范围以天津为中心，各省间代铸代制模具频为常见，所以模式统一极为正常。这一点之后大量出现的手类钱表现得尤为明显；北洋造钱业内样式技法趋同现象较为多见。宝晋局尚有文字风格接近第三期但直径重量接近一二期的大型钱，断代不明。现在可以见到的大型宝晋局机制夹心方孔圆钱工艺与宝津局、宝河局等机制母钱制作技法相承。

※ 小字类宝津局制钱的减重形式　　※ 美制类宝津局制钱，同样存在减重铸行的情况

由于铜价不断上涨，制钱不断减重，小字类等出现了等比缩小、窄宽缘、窄广穿的现象，满文也出现了几种变体，这些变体和同批宝津局制钱的其他版式存在呼应，而等比缩小、窄宽缘、窄广穿代表了三种铸造工艺——以上一代子钱翻砂铸造、母钱修边和母钱重制，这也说明了宝津局制钱的铸造工艺不拘一格。天津地区"规复制钱"运动开始后，前期铸币中有一类制钱称为美制，美制大型类制钱背满文与第一批输京解荒宝津局制钱及推测为本地行用小字类大型制钱满文风格一致，而其重量多为一钱上下，有超过四克的，直径有过二十四毫米者，由此可定为前期铸币。美制大型制钱的修边工艺十分特殊，是横向修边，这种现象目前还见于户部宝泉局、宝源局和天津宝津局甚至南方的宝福局，泉局大样钱和泉源局小平制钱中较厚重者及宝津局输京大型制钱和部分福局制钱均发现这种加工工艺，而这种工艺在其他版式的宝津局制钱里并未发现。这种工艺上的特殊性虽然不能作为判定局属的依据，但也具有一定的参考价值。

山东宝东局同样肩负着疏解北京钱荒的重任，而且所供的数目还不小，根据光绪十三年（1887年）六月十三日山东巡抚张曜遵即开铸制钱并报所需工本折："直隶、福建、江苏、湖北、广东等省业已先后开局鼓铸，山东自应一律照办。并奉北洋大臣电饬，赶造制钱十万串，以抵户部咨行天津添造二十万串之半。自本年五月起计一年内，应先铸造制钱十万串，分批解赴天津搭解户部交纳。再近来烟台市面行用制钱，更形缺乏，拟另行筹款添炉酌量另铸，以济商民之用，随时收回成本，借资周转，不与解部钱文工本相混，合并声明等情。附铸钱章程：山东登莱青海关道盛宣怀谨拟铸钱章程五条。一、局名宝东，暂设烟台，以便转运，现设总分两局。先设炉十六座，每年二十八卯，拟先铸制钱十万串，自光绪十三年五月初一日为始。二、鼓铸制钱铢两，遵照钦奉懿旨，每文铸重一钱，每钱一千文合重六斤

※ 特殊的锉边工艺

四两。照天津章程以铜五成四、铅四成六配合匀铸。三、现办外洋铜铅成色较低，照天津章程按二成加申火耗，每铸钱一千文应用铜铅七斤十二两，按五成四用铜四斤三两五钱。"根据文献记载，宝东局最终输京在八万串以上。

这批钱按照要求先行运至天津再转运北京，这也符合囤钱天津随资京师的惯例。这批宝东局钱的形制数据与津、直两局差异不大，即存世的大型宝东局光绪通宝制钱，这类大型钱按面文"宝"字分"缶"宝和"尔"宝两大类，前一类的形制更接近津、直两局制钱，只是数量较少。宝东局制钱使用东洋铜，洋铜品质逊于滇铜，钱币颜色发红杂质较多。而解决山东本地制钱使用问题的应该是张曜在奏折中提出的不与输京制钱工本相混而另行筹款添炉酌量另铸以济商民行用的新设宝库局所铸通宝制钱，只不过由于库这个局名过于陌生，致使流通不利而存世稀少。之后由于铜价高昂，制钱一再减重，为标明本地行用出现了背满文宝东汉字下村及其他种类的宝东局小型制钱。烟台宝东局从设立之初

※ 不同大小和版式的宝库局制钱

※ 不同版式的宝东局制钱

※ 各种版式的宝东局小型制钱

就与宝津局关系密切，本就是三口通商三中里二，宝东局亦是北洋制钱生产体系的重要一环，宝东局铸钱章程悉照直隶天津酌拟办理，从一钱重开始，历经八分、六分等，与宝津局基本步伐一致。

※ 津手东版式制钱

宝津局铸币重要成本即天津、烟台海关收入之四成，由此代铸现象也不显突兀，两局还出现了多种版式制钱形制风格雷同现象，但宝东局铸钱技术相对保守，均以传统翻砂法铸造制钱。

一项制度在执行过程中，其不足之处会逐渐显露出来——随着铜价的上涨，因为管理制度的不健全，制钱的铸行中也出现了一些问题。光绪二十三年（1897年）十二月十六日，户部尚书麟书针对御史安维峻奏折提出的革除积弊之法上奏称"今思得一除弊之法，拟嗣后户工两局鼓铸制钱，仿照我朝顺治、康熙年间旧制而变通之，于钱之背面空处，将钱模加一楷字，按照千字文字样一季一换，该局卯钱即按季尽数批解，庶验收时不难立辨，如蒙俞允，再由臣部详核，应自何时更换，行知该局遵照办理"。中后期光绪制钱，以京师铸钱始，钱背标字成为惯常手段，京师泉源两局七厂有标注"往来列字日宙（按存世量由多到少排列，而最少者是工部宝源局的出头往）"及罕见的"平（源局）""天（缺笔源）"，以及户部宝泉局东西南北厂一厂一个的背"收"字雕母等种，宝津局有标注"来往宇宙日列元锟河月正文（以及不确定是否是铸造原因而由'元'变成的'光'）"者，均十分稀少。

※　背千字文制钱一套（正）

※ 背千字文制钱一套（反）

※ 千字文制钱两套，和第一套版式均不相同

※ 锌质千字文制钱

※ 罕见版式千字文制钱

※ 大型千字文制钱

※ 较少见版式千字文制钱

※ 千字文制钱的加减字现象

※ 千字文制钱的挖字后铸钱现象

为了祛除弊端，造钱局正用制钱母钱上加字减字再行翻砂较为普遍，宝源局背日及无字版、角头通缺笔源背字及无字版、宝津局直手津背日及无字版等都是实物证据。另外，还存在挖字的现象，去掉母钱上的背字后再翻砂，但原背字痕迹清晰可见。

不单宝津局，远在西南边陲的云南省造钱局等都在铸造背字类制钱，云南当时就铜设局，云东两立——宝云局、云南宝东局——都有背"金"的品种，均按要求"五六铜四四铅，八分为率"，宝云局制钱还有在背面打印"金"字的情况。

受宝津局影响至深至广的是河南宝河局，津、河两局同样存在制钱形制风格雷同现象。河南宝河局本停铸年久，光绪后期开铸之初即迸发出惊人的产能，而且制钱质量一反咸丰朝之粗糙，如果没有宝津局的技术支持殊为难解。光绪二十四年（1898年）河南局始开铸七分钱，"本省试办铸钱事属创始，每月十炉，可铸钱八千六百四十串"，留存至今的宝河局光绪制钱数量大、工艺种类

※ 不同版式的宝河局光绪制钱

与版式多样，其版式达一百多种，十分复杂。这个局的情况要另有专著方能说明，宝河局所用机制夹心母钱为宝津局技术，所以用宝河局留存的母钱实物可以反推宝津局的工艺。现在可见的宝河局夹心母钱相对说数量较多，甚至可以在批量流通钱中挑出，这些母钱很多都有夹心流失的问题，应该是使用过程中形成的。品相较为完美的宝河局夹心母钱也很多，20世纪50年代中，钱币收藏家刘植源先生捐赠首都博物馆的钱币中就有宝河局夹心母钱，分别是光背（直径二点一八穿点六五厘米，重二克）、背穿上月（直径二点一五穿点六五厘米，重二点五克）、背穿下月（直径二点一三穿点六五厘米，重二克）、背穿上月穿下星（直径二点一五穿点六五厘米，重二点六克）、背穿上星（直径二点一二

穿点六五厘米，重二点六克）共五枚，这类钱币除了各地馆藏，私人手中藏品也不少。使用这种母钱可以明显提高铸币效率，同时在后期的铸造过程中能够拆分重组，进一步提高了工作模具的利用率，同时也为制钱减重提供了方便。

拆分重组制作母钱不仅有以软金属黏合的机制母钱一种工艺，还有以铆钉固合正反两面钱币而后铸钱的模式。铆合法始于汉朝兴于南北朝至于晚清，至光绪时，不止一个造钱局使用，宝津局、宝福局等均有使用，尤其宝福局，实物例证多、版式多。

※ 光绪制钱铆合式铸钱法实例正面图，铆钉痕迹明显

※ 光绪制钱铆合式铸钱法实例反面图，第一枚是倒背钱

现在可见的光绪通宝制钱实物中，有背满文宝云及光背星月纹几种，正面文字类似宝河局风格类，而"宝"字分"缶"宝、"尔"宝几种，其中"缶"宝者较少，此类制钱稍显轻薄，疑似

※ 光绪朝铸道光钱与本朝铸光绪年号钱的近似性

由后期宝河局制钱到"缶"宝背云再到"尔"宝背云制钱沿革变化，其成因有河南省用云南配额、加卯或云南省在河南采买几种猜测，由于有乾隆、道光等年号的钱和这一类的"尔"宝版式无论是铜质、规格、重量，还是文字风格都一致，所以有此类钱币均是光绪年间（1875—1908年）宝河局私的说法，分用不同的年号是为了增加钱币的可信度，套用产铜地云南的满文也是为了增加钱币的可信度。

奉天地方属于东钱区域，东钱既指汇率流通，也是山海关内外区域流通的小型制钱。光绪二十二年（1896年），盛京将军依克唐阿奏请设立奉天机器局从事银元及军火制造。光绪二十三年（1897年）十二月二十三日，顺天府尹胡燏棻请铸银元及铸机制钱以救钱荒折称"近日钱荒之弊，不独京师为然"，奉天地区一样有着制钱短缺的困扰。光绪二十五年（1899年），福州将军兼闽浙总督增祺调任奉天将军，由于其在闽时曾得铸币之

※ 背满文"云"的宝河局制钱

利，到任后即着手整顿奉天机器局，添建厂房、续购机器，为解决奉天市面制钱缺乏不敷周转的现状，在机铸银币的同时翻砂铸造制钱，以满足流通之用。从现在可以看到的货币实物可知，当时奉天机器局有五分、四分小钱铸造，直径十八至二十毫米，尚有直径仅十六毫米者性质不明。津、奉两局交集甚多，鉴于奉天前期一直没有设立专门铸钱局，缺乏铸钱技师，而"由天津招致匠工"，"开炉试铸"，"现已铸出三万余吊"，"察看钱式，虽不及机器所造之精，亦无薄脆模糊等弊，试在市面行使，商民

※ 不同大小和版式的宝奉局制钱

※ 较少见的宝奉
局机制币翻砂
造制钱

尚称便利"。奉天机器局制钱与宝津局制钱中铸期一致的晚期轻薄制钱面文风格是一致的，宝津局曾以机器制宝奉光绪制钱的可能性极大，奉天机器局又曾以机制币翻砂铸造制钱流通于世。当时铜铅价高，加之招聘宝津局技工、添置设备等耗费较大，以至于无力按照规定铸行八分制钱，所以才有了五分、四分限本省行用的小钱。光绪二十六年（1900年）十月，奉天机器局被沙俄军队侵占并破坏，因此，宝奉局制钱铸行仅一年。

※ 较少见版式的宝吉局制钱（正）

※ 较少见版式的宝吉局制钱（反）

光绪十三年（1887年）四月，吉林将军希元顺应"规复制钱"上谕，在得到清政府批准后于光绪十四年（1888年）"由商捐官办，创办了宝吉局，专门鼓铸制钱"，初设"元亨利贞"四炉，每年铸钱"八万至九万吊"。和宝奉局一样，宝吉局也出现了以机制币翻砂制币的现象，现有大满文、小满文和

※ 左为用机制币翻砂制造的宝广局钱币，右为用于对比的宝广局机制币

移位三个版式实物存世，但存世量均不大，而留存最多的还是传统翻砂制钱，宝吉局尚有机制母钱。以机制币翻砂的还有宝直局，甚至在三千千米外的广东也有用机制币翻砂的现象，可以看到的实物就有背左右满文宝广和左满宝右繁体汉广两种，相对于官制机制币，宝广局机制币翻砂币用铜并不少，究竟是什么情况，尚待考证。宝吉局自成一体，因为该局从用材来源、铸钱工艺到铸币成品的样态甚至炉记的使用上都与其他北方局有所差别，以上从存世的制钱材质与精细度及与宝河局有所区别的宝吉局机制母钱、砂性很重的制钱等中均可管窥。但宝吉局与其他北方钱局尤其宝津局并非一点联系都没有。在2010—2012年的市场中出现了两枚特殊版式的宝吉局机制方孔制钱，其版式与光绪十三年（1887年）李鸿章在《中法铸钱运京折》中提到的"已将机器局用洋法试造钱样"中宝津局呈户部审阅背"公平"样币一致。

据《吉林通志·经制志·钱法》记载宝吉局铸钱工有"做匣框子匠役""一名刻钱样子匠役"可知，宝吉局还有刻制雕母工艺。以往国内某钱币拍卖中标注为宝吉局雕母的拍品实际上是黄铜夹心机制母钱，机器痕迹明显，稍稍用心就可以识别，根据现存实

物可知，机制母钱还分夹心和实心铜两种。宝吉局铸钱确实是土法洋法并用。

光绪时期，天津还存在一个造币局——宝沽局，其局址位于大清北洋水师大沽船坞，大沽船坞现为全国文物保护单位，它与福建马尾船政局、上海江南船坞并称中国近代三大造船所。同时，大沽船坞也是一所极为重要的兵工制造厂，产品繁多而质优，其影响延至民国时期。

※ 《吉林通志》文献资料

※ 大沽船坞现状（一） ※ 大沽船坞现状（二） ※ 大沽船坞军工产品

早在同治元年（1862年），大沽地区就开始了兵工研制。崇厚奏章："现据大沽统带教练官兵将领等禀称：试铸大小炸炮，先后造成十尊，节次试放演习，其有未能如法者，又复会同外国官弁，加意讲求，另行改造。现将制造如式、演放得力者数尊禀候亲演等因。奴才崇厚查外国炸炮一项，致远摧坚，最为行军利器，必须仿制精良，演放有准，方资利用。兹拟于二十一日，亲赴大沽，逐一试演，如果一式堪用，即令添制炮车，饬令该官兵认真演习，俾得器精技良，缓急足恃。"

※ 大沽船坞所用气冲剪版机

※ 大沽船坞所用机器

距大沽船坞二十余华里[1]就是另一个全国文物保护单位——大沽口炮台。船坞有海军人员，炮台有驻军，宝沽局铸币的主要目的就是搭解军饷。

宝沽局光绪制钱无论从铜质、文字风格、铸造工艺等都与轻于第一期大型美制类制钱的减重美制制钱完全一样。根据史料记载，宝沽局制钱有一个增重的过程，这个现象罕见。背沽光绪制钱发放后，因满文少见、品质稍差，遇到与宝库局同等境遇，流通迟滞，于是宝沽局以背满文津示众以利行用，

※ 宝沽局光绪制钱各种版式

※ 左是宝津局美制制钱，右是宝沽局制钱

[1]1 华里 =500 米。

这就是稍小的美制大型制钱。因属前期，与同时期津、直等局却存在重量差异，于官于私均有碍，于是提纯铜质、稍扩直径铸造美制大型制钱；美制类宝津局制钱是由宝津局为宝沽局代铸的产品。这两种推测必须有实证的支持，但大型美制的文字特殊性以及稍小型美制与宝沽局制钱的绝类是显而易见的。

宝津局制钱上汉字"宝"基本上都是缶宝，而美制类均是尔宝，东手津、直手津以及宝津局尔宝固定版式等"宝"字皆是尔宝；经观察，东手津母钱，其铜质、文字风格、铸造工艺都符合宝东局特征，由此，有理由怀疑凡是尔宝面文者均不是宝津局本局所造所用。

在实操过程中曾发现有背满文为晋而面文风格为津美制类制钱实物，晋有改刻痕迹隐约可见。这类实物有一定数量，而且在窖藏出土中也有发现，所以不是现在的作品，是否存在有以津母改晋铸造的可能性。津晋满文之争由来已久，因满文是拼音文字，有些字读音同且写法同，因此识别不易。《历代古钱图说》内记载的光绪通宝宝晋局大钱，马定祥先生批注"应为宝津局，该钱采用红铜夹心，内为铅质制成，亦见黄铜夹心者，系机制样币，另见光背翻砂铸品，皆珍"。马定祥先生并没有说明定为宝津局的理由。因这样的满文写法自顺治朝始即有，所以普遍认为是山西局铸行。自光绪朝开始的"规复制钱"运动中，津、晋两地出现了同一版式，即暂定为本地行用的黄山谷楷书体小字版，局际交流密切没有疑问。

背满文沽式制钱还有两种仅见品，两品"沽"字均满文异书，一枚大点的铜质发红类似于宝东局制钱，面文类似宝东局风格，工艺亦同；一枚小点的铜质发黄，面文和宝津局尔

※ 在宝津局制钱里很少见到的币面加工痕迹

宝正字光版式风格一致。

宝沽局钱在天津南部及接界的河北沧州一带屡有出土，其中2020年左右在东丽增兴窑的出土量不小，津南亦有出土记录，一同出土的还有大量小型的背沪制钱。

宝津局制钱里存在类似于户部泉源局制钱修面锉痕的实证，加上大量存在的泉手昌以及津手泉、津手东、津手晋、津手（非美制）沽福手泉、直手晋、直手源、直手津、东手津、东手沽等光绪制钱的存在都说明了局际交流的频繁常见，而泉、津、福等局的制钱加工手法也印证了彼此工艺的相通性。

※ 各种手类钱

现在收藏界普遍认定背满文类似沽而形制小者并不是宝沽局所铸，持此观点者从满文拼写等多方面予以论证，观察2017年嘉德拍卖以69 000元人民币成交的该类三点尔宝小平机制母钱，更像是北方局工艺。

※ 少见版式的光绪宝沪局制钱

有清一代，造币局厂与军事联系紧密，清初钱局多设立于军队驻扎的重镇，例如北京周边的蓟、宣、密等地。在军事重地设局铸钱有利于军饷的派发，有利于区域安全。清末以降，造币厂附设于兵工厂几成惯例，天津机器局铸币有史料明确记载，宝沽局光绪的产地虽有争议，尚需着实史料和遗址考古支持，但应不致有大的出入。

中国铸钱工艺自隋唐始翻砂工艺代替范铸成为主流，这一局面至光绪年间有所改变。由于近代工业技术的冲击，这一时期铸造制钱出现了机制母翻砂、机制币翻砂、阳模阴模活字修改及母钱修缘、一代子钱铸二代子钱等同比缩小减重、上一代子钱锉边铸下一代子钱、传统翻砂法、黏合及铆合式母钱翻砂等多种工艺技法，而且这些方法基本上是因时因地交叉使用，因而极大地提高了生产效能。以上几种方法中第一种最为重要，技法复杂难解多源于此，对于其工艺现在基本有两种认识，一是先行合成铜夹软金属而成的三夹板，之后以机器打制而成母钱；二是单片加工再贴合，传统首饰加工中确实有这样的方法——模具上放置金银，其上再放置铅块后锤击成型。现存裂开成片的宝河局机制母钱，经仔细观察拆分后发现铜片一面是凸出清晰的阳文文字，另一面是凹体阴文反字，而且字体内嵌实了黑色的软质金属，两种工艺均会出现这种情况。

这个实物虽不能作为技术分类的证据，但拆片后再行组合属于提高效率之举是没有问题的。在检索宝津局制钱的过程中会发现一些星月纹明显高于币面的实物，同时

※ 制钱锉边后翻铸的制钱和原大的制钱对比

有些千字文如离光窄通背日的"日"字奇大，与其他文字不成比例，不得不让人怀疑是后贴字翻砂，可以印证第三种方法中阳模阴模活字修改的应用，现在可见的大型宝津局制钱锉边后翻铸的小制钱实物印证了第五种方法的应用，宝直局也存在这种铸钱方法。这些方法丰富了宝津局制钱的版式种类，宝津局铸币工艺的复杂可见一斑。

众多技法的运用和思想储备为之后的机制铜元发行打下坚实基础，光绪年间（1875—1908年）是我国铸币史中承上启下的大变革时期。

工业的运用是新鲜事物，机制币由此走上历史舞台。早在同治四年（1865年），福州船政学堂监督、刑部主事钟大焜就在《改铸轻钱议》中奏请"添置轮机仿照西法鼓铸"。

吉林机器局于光绪十年（1884年）发行厂平银两币，但其系以造弹壳机器代用，也非"按照机器式样修盖厂屋，安轴制器"，没有形成产能，社会影响很小，也就不能称之为正式发行机制币，它的重要意义在于造币思想的开拓创新。

光绪十二年（1886年），闽浙总督杨昌浚奏请"如由机器局铸造，每钱一文均照福建定章"，重量是"八分五厘"，福州船政局"在船厂设炉鼓铸，借资轮机以省人工，酌量改铢两以杜私毁"，试铸八分五方孔机制制钱，据杨昌浚、裴荫森等人奏，试铸机制制钱圆形方孔，面文光绪通宝楷书对读，背满文宝福，直径2.2厘米，重3.06克，黄铜质。这种机制币样品呈阅后并没有正式铸造发行，而之后的福州船政局小型圆孔机制币已属后期。

据光绪十三年（1887年）三月二十日的英文报《北华捷报》杭州通讯记载："机器局的总监工给他的友人们看了新造制钱的样品，这是由浙江巡抚下令铸造的。因为清廷谕令各省开铸制钱，本省抚台遂叫机器局从事铸造，于是机器局就造出了样品。"按记载，这种机制币以钢模压制，每文以重九分为率，试铸一千文合计铜钱火耗共需库平银一两，但四月底即停铸，不但没有产量，基本也无什么流通。现在大量存世的版式超过四百种的宝浙局机制光绪通宝制钱是数年之后的产品了。

形成对比的是，早在同治十三年（1874年），英国格林活厂即供应天津机器局制造弹壳设备并有技师指导三年，据《清史稿》记载，光绪九年"时，孝钦显皇后锐意欲复制，下廷臣议，以滇铜运不如额，姑市洋铜，交机器局试铸，户部奏称机器局铸钱并京局开炉之不便，懿旨罪其委卸，卒命直隶总督李鸿章于天津行之，重准一钱，遂赏唐炯巡抚衔，专督云南铜政"，慈禧谕令采购洋铜交机器局铸钱，户部称不便，光绪十二年（1886年），醇亲王奕谭等上奏"外洋行用银钱，皆用机器制造，式精而工省"，"并请饬下直隶、江苏督抚查明，放机器局内添购机器，制造制钱"，至宝津局购机造币时有洋监督苏格兰人司图诺于同治七年（1868年）督办两局，司图诺于光绪十三年（1887年）四月追加设备若干，包括三十匹马力[1]动力机、胚饼用秤及印模用钢胚。光绪十四年（1888年）四月二十九日，李鸿章上奏"此项机器现已到津点收，又陆续添购钱模"，同年九月二十五日又奏"月长时每日成钱二百四十串"，从光绪十四年（1888年）五月至九月底，生产三个月，日均产钱二十多万枚，形成产能并能供应市场。

广东局光绪十三年（1887年）四月与英国伯明翰造币厂签订合同，造币事务签约晚于天津一个月，其后才开始购地、设计厂房、动工兴建，光绪十五年（1889年）五月二十五日才开始开炉试造，比天津晚了十个月以上，只是由于广东局生产时间长、产量大，所以有广东局为中国机制币首局的误解。

光绪十九年（1893年），湖广总督张之洞在湖北试办银元局，

---

[1]1 马力 ≈ 735.5 瓦。

光绪二十三年（1897年）在银元局东原宝武局基地建造湖北省铜钱局，后归并银元局。

光绪二十二年（1896年）初，两江总督刘坤一以"制钱不敷周转，洋元行销形成利权外溢，依赖外省终非久计"参照户部议复御史陈其璋的《奏请鼓铸铜元折》中"沿江沿海各省自行仿办"议案，在江宁西水观云合闸南岸回龙街购地四十四亩，筹设"江南铸造银元制钱总局"，十月造银元，十二月造制钱。

光绪二十二年（1896年）中，四川总督鹿传霖以四川省制钱缺乏、银价过低为由，奏请购机办厂，利用四川机器局空地设立银元局，两年后的上半年安装、年中开铸。

以上几省均有机制方孔的铸行，背局为宝武、宝苏、宝陵、宝宁、宝川等，京师直隶还有源、直等品种，时间均晚。

史实证明，我国第一家以机器制造制钱的钱局是宝津局。

※ 各局的机制光绪制钱

光绪十四年（1888年）八月二十日，李鸿章在《请停机器铸钱折·附清单》中指出："奏为新购西洋机器试造制钱，核计工本亏折过巨，无从筹补，拟请停造，恭折仰祈圣鉴事。窃臣于光绪十三年（1887年）正月钦奉懿旨规复制钱，著先购机器一分，就天津机器局赶紧鼓铸备用等因，钦此。遵饬机器局员，前福建藩司沈保靖等定购英国格林活铁厂造钱机器，于本年开河后运到天津，再将筹办情形及价脚等项于上年四月、本年三月两次奏报。并声明西洋机器造法与中国模铸不同，其自熔铜卷片以至成胚、凿孔、印字、光胚挨次相连，非多建厂座不敷，分设事体极为繁重，工本恐多方折，应俟开铸后，核明实需铜铅各项工本若干，再行专案奏办等因，均蒙圣鉴在案。臣督饬沈保靖等于机器运到后，即置设局内按照尺寸修筑厂房，添配石座，并造锅炉、轮轴车床，各项除零星工程及烤铜炉、卷铜滚轴须随时添修外，其余均已就绪，当于秋初开轮试造。查阅造成制钱字画、轮廓均尚清楚，惟机器时有损坏，极费工力，缘西洋造钱系属平面中元方孔，压成较易。今以西洋机器造中国钱式，须另添打眼挺杆，由银模正中穿透，始能撞出钱孔，地位殊窄。撞力甚大，挺杆上下与钱模互相磨触，最易伤损。每日每座机器模撞，修换数次及十数次不等。人工既费，成数亦少，又土铸系用生铜熔灌，工料简易，仅用铜五成四，铅四成六，机器则须铜七成，方受压力，铅只三成，且必先化成六分厚铜板，再用卷铜片机器烤卷十数次，使其质性纯熟，减至不及半分厚之铜片，始能压造成钱。其铜片成钱者，只六成，下余四成废边，又须加费熔卷再造。仅卷铜片一项工料，每造钱千文，应合银四钱一分零，加以他项工料，为费甚夥。原订此分机器日长时，每日成钱二百四十串，今因机器时须修理，约计每日成钱二百串，臣与沈保靖等逐款撙节科算，虽铜铅市价现在增昂，日后冀可稍减，而卷铜等项工料实虽过省。每年成钱七万二千串，共需工料银十万七千四百余两，按制钱一千五百文，合银一两，每造制钱一千，约需工本制钱二千二百三十七文七毫，亏折未免过百。直隶贫瘠，素著并无闲款可筹，非比广东另有捐项弥补，即须全数作正开支。计每年机器造成之钱值银不足五万两，而工本则需十万七千余两，赔贴银至五六万之多。值比库储极绌，必应通盘筹算，可省则省，现用土法鼓铸，计每铸制钱一千文不过赔贴三百文左右，较机器省至数倍，其钱样亦颇光洁，似不如专就土法以节靡费。夫西洋机器专以制造金银钱，内可夹用铜铅原料，既省功易速，价值较昂，故其合算。中国所以改铸制钱，每钱一文所值几何，而为费太巨，应恳恩暂行停办，前项已购机器，仍可留局设法改作别用。"

上述内容说明，先期为救急赴京所递宝津、宝直等大型小平制钱后，宝津局曾批量打制机器制钱，但因成本过高请求专用土法制造。而为了表明西洋机器引进的正确性，则称一可以"专以制造金银钱"，"甚合算"；二"已购机器，仍可留局设法改作别用"。这就为其后的机器打制祖或工作母留下伏笔。由于西式铸币成本过高，用铸造银元铜元的机器设备铸造制钱不符合实际，违背了经济规律，最终制钱的制造以土法工艺获得了暂时的胜利，但此时的土法制造已经不是简单恢复传统翻砂制造，不是原有的

※ 奏折影印件

雕母铸母到制钱的基本进程，而是向新式造币法跨出了一大步。与此同时，机制币没有停止制造，而且铸造有分期、版式十多种，土法洋法并用铸造制钱是常态。

光绪宝河、宝直、宝奉、宝吉、宝沪等局均有机制母钱实物，现在可见的不少的宝津局方孔制钱均字面光洁，唯有边道清楚可见两片黏合稍有移位的痕迹，这有可能是因翻砂过程中铅锡等软金属未能很好地完成黏合作用移位所致，并非简单的错范可以解释。

在宝津局制钱的铸造过程中，由于成本不断上涨而减重不断，光绪二十二年（1896年）年直隶总督王文韶奏请比照广东改八分，开炉十二座，土法与机制造币并行；光绪二十四年（1898年）改七分，同年，户部发文务必按八分重铸造；光绪二十五年（1899年）直隶总督裕禄上奏称按八分铸造亏损严重。

"自光绪二十二年四月建厂开铸，先后置炉十二座，铜铅各按五成，每文铸重八分，每千以五觔为率，较光绪十三四年该局铸钱办法，力求撙节期于涓滴归公，先则搭用废铜工料较省，现在废铜用罄，新购铜铅价值均昂于昔，局中不免亏折，必须将钱质减轻以顾成本，而私毁者无利可图，亦将不禁自绝。查光绪二十二年两江督臣刘坤一、浙江抚臣廖寿丰奏请将江苏、浙江制钱每文铸重七分，经部议覆，奉旨准照所请办理，钦遵在案。直隶事同一律，拟请仿照江浙两省办法，自光绪二十四年正月开炉起每文改铸七分以资持久办理。""上谕，现在京师制钱短少，亟应推广鼓铸，各直省近年多有开局铸钱之举，著各督抚一律查照办理。其分两以每文八分为准，务令铜质精纯轮廓完好，不得以脆薄模糊之钱搀杂充数。各省已经设局者速即开炉鼓铸，未经设局者即行查照旧章一体开办，将所铸钱样先行呈览，嗣后仍将铸造数目按季奏报，以便酌量提解。该督抚务当督饬承办之员认真办理，毋滋流弊，钦此。钦遵，当即转饬北洋机器局悉心筹办。去后兹据该局员详称，光绪十三年间钦奉谕旨规复制钱，曾经购买外洋铸钱机器一分开轮试铸，嗣因机器铸钱亏折成本过钜，经前北洋大臣李鸿章奏请停办并声明土法鼓铸较为省便，不如专资土铸以节经费。迨该局创铸银圆即将前项铸钱机器改为试造小银圆之用，均经奏明在案。光绪二十二年前北洋大臣王文韶以直省制钱奇绌，奏请饬就机器局按照土法试行鼓铸每文重八分制钱，搭用局存废铜以资周转，后因废铜用罄，铜铅价值倍于往昔，援照江浙两省成案，将原铸八分重者改铸七分，藉可减轻成本奏。蒙谕饬户部议准，自光绪二十四年正月起，一律改铸七分，咨行遵照各在案。钦奉前因，自应遵旨以每文八分为准，惟中国铜铅出产日少必须购自外洋，而现在外洋金镑日涨，铜铅价值异常昂贵，就现时购价通盘核计每铜百觔合银三十一两每铅百觔合银十两有零，加以一切工费每铸成八分重制钱一千文合银一两三钱零七厘四毫七丝三忽六微，按照市价合制钱一千四百九十一文。计铸制钱一千文实亏成本制钱四百九十一文。开具工本细数清折，并将铸成每文八分样钱呈请核办等情。"

"查直隶宝直、宝津两局久经停铸，若议规复旧制辄虑经费难筹，而现在制钱短少，商民交困，亟应设法鼓铸以救圆法之穷。机器

※　奏折影印件

铸钱工费繁钜，既经停办只可仍照土法办理。察核该局开报工本数目，均属力求减省，毫无浮冒。查验铸成之钱，亦无脆薄模糊之弊，惟每铸制钱一千文实须亏折工本制钱四百九十一文。数已及半，鼓铸愈多，亏折愈钜，倘铜铅价值再增，则所亏更不止此。内外库款同一支绌，实恐筹补为难。"

"近来各省应解部库各款多由号商以银票汇兑京师现银，安得不日形亏短，嗣后著各省督抚将应解部库各款一律筹解实银赴京交纳，不得以款绌途遥藉词搪塞。其沿江沿海及近畿各省督抚于应解部库各银款内并著搭解制钱一成以资挹注。""查直隶制钱缺乏亦日甚一日，若解部款项搭解制钱概由市间易解，值此圜法壅滞，不特市面钱缺，收集不易，且恐钱价愈涨银价益低，闾阎周转维艰，致与民用有碍。体察情形是筹办搭解制钱，势非赶铸新钱不足以资补。且查直隶长芦运司津海关道解部款项岁约银三十五六万两，现拟饬该司道等按照应解部库各款提出一成实银拨交机器局铸钱，以便分批搭解，每批按随时以银易钱市价合算实亏折成本若干据实造报。准其作正开销或由部另行拨款筹补，约计直隶每年搭解部库一成制钱四万余千，虽为数无多，亦藉以稍资挹注如蒙。"

"今山海关制钱缺乏情形正与直隶相同，若由直隶代铸则工本运费所亏更钜，查核该道所详委属实情，所有应解部款搭解一成制钱之处应请暂行从缓，仍俟铜价稍平圜法疏通，直隶果能加铸搭解该关再当一体办理。"

光绪制钱边铸造边减重，不论机制币还是翻砂铸币基本以重量由重到轻分期，虽然偶有反复，但大致不错，例如宝津局机制币即以大字版（一钱）、小字版（八分）、方头通（不足八分）、行楷体（不足五分半至更轻）为先后，宝津局翻砂铸币版式复杂，因存在几个铸厂同时开铸的可能性，同一时期多版式多种铸法并存，但规律一致。

※ 在机制制钱铸行成熟的广东，翻砂制钱始终存在，
图为广东局机制币和后期翻砂币（正）

※ 在机制制钱铸行成熟的广东，翻砂制钱始终存在，
图为广东局机制币和后期翻砂币（反）

　　宝津局翻砂厂与机制厂并立并行，即使同为翻砂铸币也是机制母钱与传统母钱并存：例如宝津局制钱分头通版式，小型为打制母钱、大型为翻传统母钱；长尾津大型为机制母钱、小型为传统母钱。这些工艺特征从制钱实物上可以看出端倪。机制币和翻砂制币共存现象不仅仅是宝津局有，也不是北方的特有现象，即便两千公里之外的广东，机制币发达程度为全国之首，但成熟行用机制币年久后仍然在翻砂铸造制钱，共存现象可见一斑，这些现象对解开宝津局诸多历史疑问均有帮助。

　　中国古代锌铅锡类金属名称始终没有统一规范，导致史料讹误不断，明代之后制钱成分铜之外以锌为主，后期锌的比例不断提高，宝津、宝东、宝沪等局甚至是宝泉局都出现了锌钱，无疑也是货币的减重贬值。

与此并存的是宝津局某些版式制钱中存在含铜量很高的个例，其中广穿短尾津尤其遒劲版式中有的制钱含铜高达近九成七，这一现象值得关注。

减重现象不但在北洋势力范围内发生，在全国而言也是普遍现象，即使中央造币厂泉、源两局制钱也是不断减重，唯独户部宝泉局所造大样钱，钱重工精，品质稳定，可谓一枝独秀。清政府十分重视京师制钱的流转状况，时有征调各省制钱调剂京师使用，并多经天津流转存储，直隶代铸制钱供京师使用也是正常现象，因此两地钱局时有交流就很好解释了。

版式达四百多种、铸量巨大的宝津局光绪制钱为什么母钱难觅踪迹，其

※ 普通泉、源局光绪制钱

※ 较为少见的宝泉局小型光绪制钱，铸期在千字文制钱前

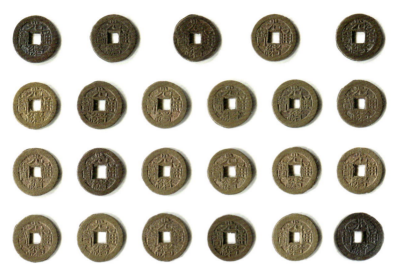

※ 宝泉局后期小制钱（俗称为宣统手）的不同版式

※ 不同版式的大型宝泉局光绪通宝制钱

原因在于：一是采用近现代设备技法的机器局，管理模式亦采西法，所有造钱模具专库专管，流出厂外的可能性微乎其微，现在可见的宝津局铸母，基本是其他局托宝津之名铸币所用，现在可见的数量极少的宝津局机制母钱，试样大多是来自于国外造币机构，或者是已经呈送到京审阅而脱离了宝津局。二是庚子事变中联军以机器局为进攻重点，炮火之下，厂房成为废墟，机器熔为铁块，铜铅锡之物更是荡然无存了。三是母钱不敷使用时即行销毁。

宝津局铸币管理制度之严，观察现有货币实物可见一斑。现存宝津局翻砂币十几大类，每类以五行阴阳排布区分明显，平纹及千字文类炉记用于备查追责，严丝合缝，严格合理。这些炉别暗记为克制钱荒，防范"奸商贩运制钱出城，卖与盗铸之人，改铸当十私钱""为省工费，将上次发出之制钱仍收买入局，至下次复行发出，如此周转，并不多铸新钱，又将所领铜料暗中私售，即从所获赢利，为下次收买之资"等弊端的出现做出较大贡献。

在管理措施严谨的宝津局出现之前，天津地区的私铸及祸乱市场现象本十分严重。

以光绪年间（1875—1908年）天津的《直报》报道为例，私铸似乎已经深入人们生活的方方面面。"街市行用私钱日多一日，虽钱庄当铺在所不免，良由禁令不严，遂至毫无忌惮，前已屡经登报，兹复风闻南乡一带颇有私炉铸钱，运往城市销售，私钱一吊买制钱五六百不等，奸徒收买牟利掺和使用，每吊获利四五百文，若当铺钱庄每日出钱成千累万，以十中掺一计之，每千吊可掺百吊，万吊可掺千吊，其利何厚，而卖力佣工之穷民，每日得钱二三百文，以此钱买米粮，铺家任意挑剔，多所滞碍，小民万分吃亏，不特无计可施，抑且无处可诉。""前报缉拿获私炉一座，匪犯八名，系在赵李庄，兹又闻王家场地方获犯二十名，私钱若干串，并起出铁碾钱模风箱等器具，一并带回总局，由局宪会同府宪沈太尊将该犯等发具分班关押，听候禀明督宪再行讯办，按开炉私铸皆罪应斩绞，倘彻底根究，恐贩运之人与售买之家均不能置身法外也噫！""本埠向有私炉，经上宪严行查，稍为敛迹，兹闻故智复萌，城厢内外所在多有，此次所铸之钱视鹅眼脐大，专供各当商使用，私钱一吊，可售制钱八九百，故私铸愈多，获利愈厚，谅咸有司终当设法整顿之也。""本埠私钱充斥，屡缉府严禁，而若辈阳奉阴违，玩愒如故，闻估衣街某钱铺开设有年，素称殷实，是昨在门前扛卸钱捆，车上另有两布袋，为伙友自行携入而沙沙有声，察度情形，定非制钱可比，果系犯法牟利，倘一旦发觉，当不止被罚已也噫！""访事人云，昨有某甲从河东某处买得私钱十余千，肩任而行，不料行至西方庵，为洋兵所见，以其所负之钱无一官炉，疑其为私铸，奸民遂将甲揪至官里去矣，至如何了解，俟访再布。""北塘有高某者以私铸小钱为生，有伙友五人。县署闻知派人明察暗访，于今早在大街直口访明住址，捕班数人将高某获住，其伙友俱逃逸无踪，经严委廉讯明直认不讳，仍派捕班将逸犯拿获，勿得漏网，夫私铸小钱，罪有应得，噫高某者殆咎由自取欤。""前府院邹太守设立清泉局，一时榆荚鹅眼津市殆尽，现沈太守仍仿旧章，至今未有敢乱行掺和者，前闻紫竹林一带钱商与针市等街向不相同，每千掺杂钱一百余文，铺商得利甚多，居民被害不少，不知该管者将如何整顿。""津县有禁私钱示谕约谓：据钱商陆雨棠禀称，窃商在河北大街开设文太成钱铺，出使一吊之票，以便街市通行，而商用现钱皆使整票，由大钱店取之，内因私钱太甚多，遇有兑换现钱者皆不免口嘴之患，恐有街市之碍，请出示严禁等情，为此仰示津郡各铺及军民人等悉知，自示之后，一律兑换净钱，不准任意掺和私钱，至于查拿或被人指控定行究办特示。"

宝津局规模生产后，天津市面为之清净良多，"遵饬天津机器局，前福建藩司沈保靖、候补道潘骏德，会同天津道海关道，详细访询外洋铸钱机器样件、价目"，操持宝津局开设开工，其后"沈太守仍仿旧章，至今未有敢乱行掺和者"。即使是19世纪最后几年出现了大量直径在18～20毫米、重量在1.1～1.6克的宝津局小钱，依然是官铸无疑。这些小制钱的等值对应物是广东局、福建局轻薄的机制小钱。小制钱版式繁多，也说明宝津局是多版式制钱同时铸行同期减重，但相对于大型同版，小制钱的版式风格略有变化。于今，想要找到私铸的铭文为宝津局的光绪钱反而有难度。

※ 各种私铸光绪年号钱

※ 宝广局、宝福局轻薄机制币，宝福局机制币是倒背

※ 宝津局各种后期减重制钱，大多直径不大于两厘米，重量一克多

宝津局的生产实践表明，中国近代货币观念是在被动接受和适应西方币制思维模式，通过土洋结合的过渡方式最终确立。宝津局的转型工艺、设备、人员为其后的北洋银元局乃至造币总厂实现产能奠定了坚实基础，天津可视为近代新旧货币观念交锋的竞技场和推动币制改革的前沿阵地。这个结果的产生也是清末洋务运动和新政在北洋地区深化过程中加快工业近代化进程的历史必然。

第四章

毁于战火的机器局及后继造币机构的沿革

　　天津机器局先后有"机器总局""军火总局""总理天津机器局""天津机器局"等官俗称谓。该局厂以东局扩充量大,造币最多,其占地与天津城厢老区相比稍逊。在当时的亚洲,日本的军事工业已相当强大,但也没有这么大的军火工厂,它甚至还将潜水艇由图纸变成水中实物,实属世界第一。如此强大的兵工厂早已被列强所侧目,尤其东局,俄随军记者德米特里·扬契维茨基曾作过如下报道:"这是一座武装的城池,方圆约五俄里,环以三俄丈高的大墙,土墙上有垒道和胸墙。南面有泥泞的壕沟,宽三十俄丈,深五英尺,满是水。这是华北的主要兵工厂,它拥有制造各式各样武器弹药以及铸造中国钱币的各种工厂和作坊。"

　　庚子之变联军入侵京津,"由于制造局继续用大炮骚扰天津和联军,继续拿弹药供应中国军队",严重迟滞了联军的进攻节奏并危及租界安全,"因此,斯捷谢利将军认为必须立即攻打它。各国都答应派兵参加总攻。作战部署是由斯捷谢利将军及其参谋长伊林斯基中校制定的。整个战役是由斯捷谢利将军指挥的"。

侵略军全力进攻。六月十三日，联军"对西机器局进行了一次武装侦察"，十七日，联军占领了大沽炮台，下午开始进攻武备学堂，同日，清军第一次向租界地进行炮击。十八日，清军继续向租界地进行炮击，联军开始用大炮还击，同时在机器西局一边的织绒厂附近，清军和联军发生了战斗。十九日，聂士成军右路统领姚良才部进驻机器东局。十九日至二十三日，清军与联军多次发生炮战，二十三日，联军援兵赶到，天津战场局势发生逆转。自二十三日起，联军为打通大沽铁路，"连续四天猛攻东机器局，有八门野炮支援，势在必得，结果被聂军姚部击退"。二十七日，联军再次集中兵力攻击机器东局，"俄军在大约八百名英军、日军、德军和美军的支援下，攻打东局子"，下午三时，局内棉花药库中弹起火，聂军不能守卫，退至堤头。二十七日，联军炮轰海光寺旁机器西局时，"炮子落入海光寺厨房，登时火起，烧及庙宇，延至局中木料场并厂房数十间"。七月九日，联军开始围

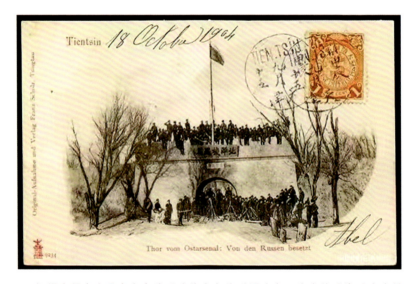

※ 机器东局在庚子事变中被以沙俄为主的联军攻占，此为俄兵战后在东局南门所摄。明信片邮寄日期是甲辰年（一九〇四）九月

※ 被炸毁的天津机器局西局

攻西机器局，日军福岛将军率领"有炮兵和骑兵支持的一千名步兵，并且在同等数量的俄军和英军，后来加上一小队美军的支持下"攻占了机器西局，此后机器西局又被清军夺回。十三日，联军将所有大炮向南城墙开炮，在"日军冲进西机器局，清除了里面的人"后，开始对天津城发起总攻，十四日清晨，"日本人炸开外门，爬过城墙去开了里面的城门，终于进了天津城"。英国人马克里希的《天津租界被围记》，俄国《新边疆报》战地记者德米特里·扬契维茨基的《八国联军目击记》，英国军人吉普斯的《华北作战记》等都有此次惨烈战斗的记载。1931年出版的《天津志略》中曾慨叹：

※ 记录庚子事变的碑刻，现存于天津博物馆

"有东局子，规模宏敞，周围约十有三里。用机器制造火药及各种军械，岁出甚多。与海光寺南局、西沽武库，皆数十年之经营，为北洋精华重要之处。同时灰烬，易胜浩叹！"现存于天津博物馆的《大直沽救乱记》碑文详细记载了八国联军的罪行，"津郡之兵械尽，北洋之精华竭矣"。战斗过后，整个局厂成为废墟，甚至许多大型机械都化为铁块埋于地下，历次造币所留资料付之一炬。据居住于此的许多老住户所说，多年以后还可以在土地里挖出熔成大块的铁件镍块，可见当时的战火之烈。

在庚子事变后，天津市面银根奇紧，银号钱庄纷纷倒闭，现银一千两贴水竟达三四百两之多，致使物价飞涨，当时称为"闹银色"，严重影响市面交易和民生。光绪二十七年（1901年），袁世凯调任直隶总督后，首先筹设平民官钱局平抑现银贴水，其次檄令天津县知事张涛取缔银号和私铸，但收效不大。

同年，袁世凯复设北洋机器制造局于直隶境内德州城外花园地，以期恢复生产尽早恢复军力。次年袁从都统衙门手中收回天津后，东局残存机器也一并归还并于第三年，即光绪二十九年（1903年）五月中将其中三十余船件运往德州。光绪二十八年（1902年）秋，天津道王仁宝奉袁世凯之命，"验收龚革道照玙经手买回东南两局残毁机器，即在天津租界内赁地自存，招募工匠，择要修理"。同时袁世凯派员驰赴德州，相度地基，"旋经勘定西南城外花园地方，形势高旷，地居旧淤河之西岸，濒临运河，汲水利便"，于此同地方官按照民价购地五百三十余亩，后又在花园东南上码头购买民房四十一户，余地、空地二十八亩，作为机器局复建用地。

德州北洋机器局建造伊始，因"龚革道所收机器仅存笨重底座，其灵巧细件大半乌有"，修理旧机与安装新机同时进行。天津所余机器运至德州后进行修理，"于具缺者补之，实不能配造者，始行添购"，唯因需开办快枪子厂，向瑞记洋行订购快枪子机器全副。此时购买机器材料，皆有"回佣"，王仁宝将"经营新局所得回佣十余万金，皆归公家"，省费很多。厂房建成后，即将机器安装布置，开工生产。库房、客厅、办公房暨员司、书弁、匠役等住室，以及围墙、桥梁、沟道、地井之属，节次增修，逐渐完善，但此处的机器局已经没有了生产货币的能力。

※ 银元局碾片车间

恢复生产至为重要，赶制货币平抑市场实为救火之举。为恢复天津本地经济秩序，袁世凯于天津大经路与宇纬路口设立北洋银元局衙门，厂址位于西窑洼大悲院淮军护卫营旧地。因光绪二十二年（1896年）起北洋机器局已经开始大量铸造壹圆、五角、二角、一角、半角银币，至庚子事变前，共铸造银圆二十六个版次均三千二百多万枚，积累了大量经验并培养了大批熟练技工。北洋银元局自光绪二十八年（1902年）创立，利用残存旧机器和零件于十一月即开铸成功，至年底共铸币一百五十万枚，按照户部"请多铸铜元，尽铸尽放，俾商务日臻起色"的指示，于光绪三十年（1904年）开始大规模生产。通过生产活动有效地平抑了物价，有利于经济秩序的恢复。

    光绪二十八年（1902年），袁世凯继李鸿章任直隶总督后，驻跸天津，推行"新政"。当时老城内已被严重破坏，"房屋尽成瓦砾"，城外东南沿河西岸是租借地。袁世凯决定开发海河上游地区——河北新区。光绪二十九年（1903年）正月初二，河北新车站建成，极大地便利了新区发展。袁世凯不但要求广建西式

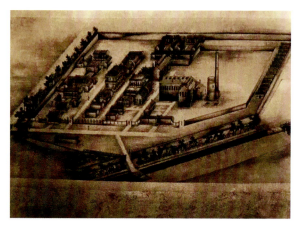

※ 造币总厂全图

※ 造币总厂所用机器

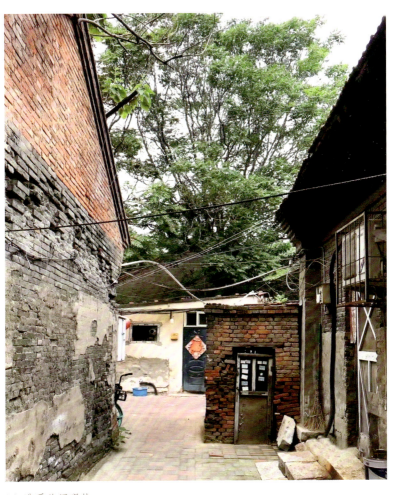

※ 造币总厂现状

商铺，并指示政府机关迁到新区，同时广建学校，开办工厂，在
近水煤便的天津开设离京极近的户部铸造银钱总局就顺理成章。
为解决银元局产能不足、克服京城铸造成本过高的问题，光绪
二十九年（1903年）五月，户部将铸造银钱总局定址天津河北大
经路，其后有户部造币总厂、度支部造币总厂、造币总厂新厂、
造币总厂东厂等十多次沿革变化。

　　清末以来，中央政府逐渐摒弃保守思维模式，凭借开放性思维，精心打造天津地区造币厂局，不仅从政策导向上予以把控，而且在机器设备、技术人才、管理模式等方面，善于借鉴西方先进国家的经验，走出去，请进来，使得造币事业蓬勃发展，催生出了一支新型工人队伍。光绪十二年（1886年）设立的宝津局以先进机器设备、外国纯熟技师为依托，于中国造币事业发展中积累了技术力量和思想储备。天津造币总厂是清末民初全国机制币铸造中心，是全国最大的银元铸造基地和祖模设计雕刻发轫地，是北方乃至全国币制现代化发展的摇篮，一度影响了当时中国政府的金融决策、货币政策，甚至是经济走向，其在中国近代币制改革中起着举足轻重的作用，对20世纪前半叶中国经济社会生活的影响也是比较明显的。"造币总厂"这四个响当当的大字，也因此成为清末民初天津的一个显著标志。

参考资料名目

《清实录·德宗实录》

《光绪朝朱批奏折》

《李文忠公全书·奏稿》

《北洋公牍类纂》

《筹办夷务始末》

《吉林通志》

《河北省志·金融志》

《中国历代货币大系·清钱币》

《钱币学与冶铸史论丛》（中华书局中国钱币丛书甲种本之
十一）

《中国古代钱币合金成分研究》（中华书局中国钱币丛书甲种
本之十三）

《中国近代工业史料》

《中国近代货币史资料（第一辑）》

《清代直隶铸钱史》

《清末"宝奉"局铸"光绪通宝"制钱考》

《天津一局两堂——洋务运动的北方基地》

《造币总厂》

《光绪通宝宝晋大钱浅释》

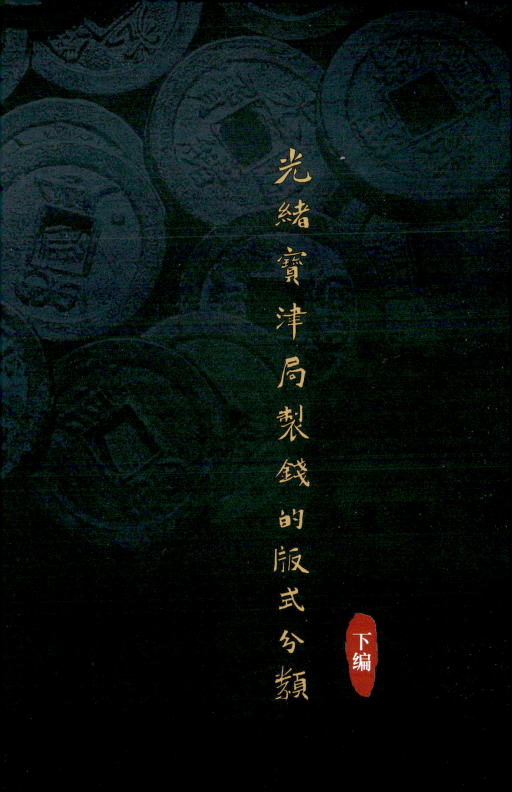

光緒寶津局製錢的版式分類

下编

大型窄穿

辨识度高

A001

光背　十级

重	3.27克
直径	24.40毫米
厚	1.10毫米

A002

背上星　九级

重	3.76克
直径	24.87毫米
厚	1.19毫米

A003

背上星　九级

重	3.91克
直径	24.95毫米
厚	1.30毫米

A004

背上升进星　九级

重	3.65克
直径	24.30毫米
厚	1.20毫米

A005

背上升退星　九级

重	3.61克
直径	24.50毫米
厚	1.22毫米

A006

背宝下星　七级

重	3.71克
直径	24.60毫米
厚	1.30毫米

A007

小样光背　八级

重	3.41克
直径	23.43毫米
厚	1.38毫米

A008

光背后期减重　　八级

重　　　　2.92克

直径　　　21.51毫米

厚　　　　1.39毫米

小字

　　辨识度高，"通""宝"两字中"用""贝"较窄，背满文与大型窄穿相似度较高，有变体，有宽缘窄缘的区别

B009

大样窄满文　　八级

重　　　　4.01克

直径　　　24.10毫米

厚　　　　1.45毫米

B010

大样窄满文　　九级

重　　　　3.36克

直径　　　23.20毫米

厚　　　　1.40毫米

B011

大样窄满文背上接外郭

阴星　七级

重　　　3.38克

直径　　23.70毫米

厚　　　1.30毫米

B012

正样长满文　八级

重　　　2.55克

直径　　21.60毫米

厚　　　1.15毫米

B013

正样短满文　　八级

重　　　2.73克

直径　　21.50毫米

厚　　　1.20毫米

B014

正样宽满文　十级

重　　　2.81克

直径　　21.00毫米

厚　　　1.30毫米

B015

正样宽满文窄缘　十级

重	2.13克
直径	21.00毫米
厚	1.10毫米

B016

小样宽满文窄缘　十级

重	2.03克
直径	20.03毫米
厚	1.18毫米

美制

　　"尔"宝，根据"光"字第一笔角度及最后两笔长短及开合程度可以进一步细分版式，背满文与大型窄穿相似度较高，铸造过程中不断减重，满文有变体，有宽缘窄缘的区别

C017

大样　八级

重	4.08克
直径	23.85毫米
厚	1.45毫米

C018

大样宽缘　八级

重	3.96克
直径	24.02毫米
厚	1.47毫米

C019

正样　九级

重	3.11克
直径	22.25毫米
厚	1.25毫米

C020

背右上进月　六级加

重	2.50克
直径	21.50毫米
厚	1.30毫米

C021

背右上月　六级加

重	2.53克
直径	21.31毫米
厚	1.18毫米

C022

背上阴星　七级

重　　　1.60克
直径　　20.70毫米
厚　　　0.80毫米

C023

背上升阴星　七级

重　　　1.63克
直径　　20.50毫米
厚　　　0.80毫米

C024

小样宽缘　九级

重　　　2.35克
直径　　20.90毫米
厚　　　1.10毫米

C025

小样细缘　九级

重　　　2.04克
直径　　21.00毫米
厚　　　1.10毫米

长尾津大样

　　直径大于二十二毫米，满文"津"为长点，第一、二斜横不平行，第三斜横较短且起笔无顿点，有宽缘窄缘的区别

D026

光背　十级

重	3.04克
直径	22.40毫米
厚	1.20毫米

D027

背上日　十级

重	3.59克
直径	22.80毫米
厚	1.40毫米

D028

背下日　十级

重	2.21克
直径	22.10毫米
厚	1.10毫米

D029

背下日孕星　八级（需甄别流铜）

重	2.84克
直径	22.30毫米
厚	1.30毫米

D030

背上左向立月　八级

重	2.29克
直径	22.80毫米
厚	1.20毫米

D031

背右上左向立月　十级

重	2.74克
直径	22.30毫米
厚	1.20毫米

D032

背右上左向立月　十级

重	3.13克
直径	22.50毫米
厚	1.30毫米

D033

背上星　十级

重　　　2.98克
直径　　22.60毫米
厚　　　1.20毫米

D034

背上阴星　十级

重　　　2.82克
直径　　22.70毫米
厚　　　1.20毫米

D035

背左上星　十级

重　　　2.96克
直径　　22.20毫米
厚　　　1.40毫米

D036

背右上星　九级

重　　　2.80克
直径　　22.51毫米
厚　　　1.11毫米

D037

背下升星　十级
重　　　2.60克
直径　　22.10毫米
厚　　　1.10毫米

D038

背左下星　十级
重　　　2.73克
直径　　22.50毫米
厚　　　1.10毫米

D039

背右下进星　十级
重　　　2.42克
直径　　22.30毫米
厚　　　1.10毫米

D040

背右下退星　十级
重　　　3.05克
直径　　22.50毫米
厚　　　1.30毫米

长尾小点津大样

直径大于二十二毫米，满文"津"为短点，第一、第二斜横平行，第三斜横长且起笔有顿点

E041

光背　十级

重	3.05克
直径	22.52毫米
厚	1.28毫米

E042

背上小日　十级

重	2.92克
直径	22.65毫米
厚	1.30毫米

E043

背上俯月　十级

重	2.56克
直径	22.16毫米
厚	1.13毫米

E044

背上俯月　十级

重　　　2.64克
直径　　22.22毫米
厚　　　1.20毫米

E045

背上俯月　十级

重　　　2.81克
直径　　22.30毫米
厚　　　1.30毫米

E046

背上左向俯月　十级

重　　　2.72克
直径　　22.12毫米
厚　　　1.17毫米

E047

背上左向退立月　八级

重　　　2.84克
直径　　22.56毫米
厚　　　1.25毫米

E048

背右上左向立小月　十级
重　　　2.81克
直径　　22.68毫米
厚　　　1.22毫米

E049

背右上左向立小月　十级
重　　　3.13克
直径　　22.55毫米
厚　　　1.31毫米

E050

背右上左向立月　十级
重　　　2.58克
直径　　22.50毫米
厚　　　1.11毫米

E051

背右上左向立月　十级
重　　　2.77克
直径　　22.20毫米
厚　　　1.30毫米

E052

背右上左向立月　十级

重	2.90克
直径	22.18毫米
厚	1.24毫米

E053

背右上左向立月　十级

重	3.16克
直径	22.15毫米
厚	1.42毫米

E054

背上星　十级

重	2.59克
直径	22.25毫米
厚	1.07毫米

E055

背上阴星　十级

重	2.76克
直径	22.45毫米
厚	1.17毫米

E056

背上小星　十级

重	3.15克
直径	22.72毫米
厚	1.45毫米

E057

背上退小星　十级

重	2.79克
直径	22.65毫米
厚	1.33毫米

E058

背左上小星　十级

重	2.71克
直径	22.77毫米
厚	1.36毫米

E059

背左上退小星　十级

重	2.58克
直径	22.43毫米
厚	1.16毫米

E060

背左上昂星　十级
重　　　　3.06克
直径　　　22.85毫米
厚　　　　1.20毫米

E061

背左上大星　十级
重　　　　2.93克
直径　　　22.55毫米
厚　　　　1.25毫米

E062

背左上尖星　九级
重　　　　2.82克
直径　　　22.49毫米
厚　　　　1.27毫米

E063

背下大日　十级
重　　　　3.33克
直径　　　22.72毫米
厚　　　　1.51毫米

E064

背下日孕星（需甄别流铜）

八级

重	2.36克
直径	22.23毫米
厚	1.00毫米

E065

背下日孕星（需甄别流铜）

八级

重	2.72克
直径	22.80毫米
厚	1.14毫米

E066

背下仰月　十级

重	2.32克
直径	22.53毫米
厚	1.05毫米

E067

背下仰月　十级

重	2.60克
直径	22.52毫米
厚	1.14毫米

E068

背下仰月　　十级

重	2.77克
直径	22.60毫米
厚	1.25毫米

E069

背下仰月　　十级

重	2.94克
直径	22.78毫米
厚	1.18毫米

E070

背下仰月　　十级

重	2.97克
直径	22.65毫米
厚	1.18毫米

E071

背下小仰月　　九级

重	3.36克
直径	22.46毫米
厚	1.48毫米

E072

背下进星　十级

重	2.82克
直径	22.19毫米
厚	1.29毫米

E073

背下退星　十级

重	2.87克
直径	22.58毫米
厚	1.28毫米

E074

背下进阴星　九级

重	2.08克
直径	22.25毫米
厚	1.00毫米

E075

背下巨星　八级

重	2.15克
直径	22.30毫米
厚	1.10毫米

E076

背左下星　十级

重	2.90克
直径	22.55毫米
厚	1.30毫米

E077

背左下进星　十级

重	2.82克
直径	22.22毫米
厚	1.23毫米

E078

背左下阴星　九级

重	2.91克
直径	22.02毫米
厚	1.28毫米

E079

背右下星　十级

重	2.61克
直径	22.33毫米
厚	1.19毫米

E080

背右下星　十级

重	2.81克
直径	22.20毫米
厚	1.27毫米

E081

背左下进阴星　十级

重	2.88克
直径	22.13毫米
厚	1.23毫米

长尾小点津大样断笔光

直径大于二十二毫米，"光"字以纵向断开为左右两半，满文"津"为短点，第一、第二斜横平行，第三斜横长且起笔有顿点

F082

光背　十级

重	3.24克
直径	22.50毫米
厚	1.30毫米

F083

背上小日　十级

重	2.36克
直径	22.41毫米
厚	1.04毫米

F084

背上阴星　十级

重	2.70克
直径	22.50毫米
厚	1.20毫米

F085

背左上星　十级

重	2.81克
直径	22.30毫米
厚	1.20毫米

F086

背下仰月　十级

重	2.83克
直径	22.10毫米
厚	1.40毫米

F087

背下星　十级
重　　　3.10克
直径　　22.20毫米
厚　　　1.30毫米

F088

背左下星　十级
重　　　2.37克
直径　　22.28毫米
厚　　　1.02毫米

F089

背右下星　十级
重　　　2.86克
直径　　22.40毫米
厚　　　1.30毫米

长尾津中样

直径二十一（不含）至二十二毫米，文字风格接近大样

G090

光背　十级

重	1.89克
直径	21.52毫米
厚	0.97毫米

G091

背上小日　十级

重	1.91克
直径	21.10毫米
厚	0.90毫米

G092

背上大日　十级

重	2.10克
直径	21.50毫米
厚	1.00毫米

G093

背上进升大日　十级

重	1.90克
直径	21.18毫米
厚	0.90毫米

G094

背上升日孕星（需甄别流铜）　九级

重	1.71克
直径	21.02毫米
厚	0.86毫米

G095

背上降日孕星（需甄别流铜）　九级

重	2.08克
直径	21.35毫米
厚	1.01毫米

G096

背上俯月　八级

重	2.30克
直径	21.10毫米
厚	1.10毫米

G097

背上俯月　　九级
重　　　　1.92克
直径　　　21.80毫米
厚　　　　0.90毫米

G098

背上俯月　　九级
重　　　　2.68克
直径　　　22.00毫米
厚　　　　1.15毫米

G099

背上俯月　　十级
重　　　　2.02克
直径　　　21.90毫米
厚　　　　1.00毫米

G100

背上俯月　　十级
重　　　　2.12克
直径　　　21.50毫米
厚　　　　1.00毫米

G101

背上俯月　十级

重　　　　2.34克
直径　　　21.60毫米
厚　　　　1.00毫米

G102

背上星　十级

重　　　　2.56克
直径　　　22.00毫米
厚　　　　1.20毫米

G103

背上阴星　十级

重　　　　2.46克
直径　　　21.00毫米
厚　　　　1.20毫米

G104

背上小星　十级

重　　　　2.19克
直径　　　21.30毫米
厚　　　　1.00毫米

G105

背上巨星　十级

重　　　　2.26克
直径　　　21.30毫米
厚　　　　1.10毫米

G106

背上左向俯月　八级

重　　　　2.63克
直径　　　21.43毫米
厚　　　　1.20毫米

G107

背上左向仰立月　七级

重　　　　1.69克
直径　　　21.00毫米
厚　　　　0.90毫米

G108

背上平　八级

重　　　　2.18克
直径　　　21.80毫米
厚　　　　1.10毫米

G109

背上短平　十级

重	2.45克
直径	21.60毫米
厚	1.20毫米

G110

背左上星　十级

重	2.11克
直径	21.80毫米
厚	1.00毫米

G111

背下巨星　八级

重	2.05克
直径	21.50毫米
厚	1.05毫米

G112

背下升退星　八级

重	1.73克
直径	21.09毫米
厚	1.00毫米

G113

背右下退星　八级

重	2.51克
直径	21.33毫米
厚	1.12毫米

G114

背下长平　七级

重	1.93克
直径	21.50毫米
厚	1.00毫米

G115

背下长平　七级

重	2.49克
直径	21.30毫米
厚	1.20毫米

长尾津小样

直径二十一毫米及以下，文字风格较接近大样、中样，存在变体

H116

光背　十级

重	2.02克
直径	20.50毫米
厚	1.10毫米

H117

背上日　十级

重	1.44克
直径	19.00毫米
厚	1.00毫米

H118

背上小日　十级

重	1.20克
直径	18.50毫米
厚	0.90毫米

H119

背上升小日　十级

重　　　　1.94克
直径　　　20.33毫米
厚　　　　0.96毫米

H120

背上小日左下星（需甄别
流铜）　八级

重　　　　1.44克
直径　　　20.09毫米
厚　　　　0.81毫米

H121

背上下日
七级

重　　　　1.19克
直径　　　18.72毫米
厚　　　　1.02毫米

H122

背上下日　七级

重　　　　1.43克
直径　　　18.90毫米
厚　　　　1.00毫米

H123

背上大日　十级

重	1.67克
直径	20.59毫米
厚	0.96毫米

H124

背上降大日　十级

重	1.72克
直径	20.20毫米
厚	1.00毫米

H125

背上立月　十级

重	1.22克
直径	18.70毫米
厚	0.90毫米

H126

背上俯月　九级

重	1.61克
直径	21.00毫米
厚	0.90毫米

H127

重　　　2.12克
直径　　20.91毫米
厚　　　0.99毫米

H128

背上俯月　十级

重　　　1.76克
直径　　20.50毫米
厚　　　0.90毫米

H129

背上星　十级

重　　　1.11克
直径　　18.47毫米
厚　　　0.80毫米

H130

背上星　十级

重　　　1.79克
直径　　20.60毫米
厚　　　1.00毫米

H131

背上星　十级

重	2.09克
直径	21.00毫米
厚	1.10毫米

H132

背左上星　九级

重	1.80克
直径	20.90毫米
厚	1.00毫米

H133

背左上退星　九级

重	1.66克
直径	19.58毫米
厚	1.01毫米

H134

背右上星　九级

重	1.90克
直径	20.11毫米
厚	1.07毫米

H135

背下星　九级
重　　　1.91克
直径　　20.25毫米
厚　　　1.00毫米

H136

背左下星　十级
重　　　1.94克
直径　　20.20毫米
厚　　　1.10毫米

斜通宝

　　辨识度高，文字"通"高"宝"低，"通"字左低右高倾斜，"绪"字较窄，满文"津"末笔长尾有钩，"津"点靠下

I137

光背　八级
重　　　2.65克
直径　　22.20毫米
厚　　　1.30毫米

I138

背上平　十级

重	2.76克
直径	21.95毫米
厚	1.20毫米

I139

背上平　十级

重	2.77克
直径	22.40毫米
厚	1.30毫米

I140

背上平　十级

重	2.84克
直径	21.55毫米
厚	1.30毫米

I141

背上平　十级

重	3.06克
直径	22.30毫米
厚	1.30毫米

光绪宝津局制钱

I142

背上平　十级

重　　　3.17克
直径　　22.47毫米
厚　　　1.30毫米

I143

小样背上平　十级

重　　　2.88克
直径　　20.80毫米
厚　　　1.50毫米

I144

小样背上短平　十级

重　　　2.47克
直径　　21.00毫米
厚　　　1.40毫米

I145

背下平　十级

重　　　2.19克
直径　　21.30毫米
厚　　　1.40毫米

I146

背下平　十级

重　　　2.54克
直径　　22.10毫米
厚　　　1.10毫米

I147

背下平　十级

重　　　2.58克
直径　　22.15毫米
厚　　　1.20毫米

I148

背下平　十级

重　　　2.64克
直径　　22.20毫米
厚　　　1.20毫米

I149

背下平　十级

重　　　2.86克
直径　　22.10毫米
厚　　　2.86毫米

I150

背下平　十级

重	2.95克
直径	22.10毫米
厚	1.30毫米

I151

背下平　十级

重	3.19克
直径	22.30毫米
厚	1.50毫米

I152

小样背下平　十级

重	2.29克
直径	20.85毫米
厚	1.30毫米

I153

小样背下平　十级

重	2.40克
直径	21.00毫米
厚	1.30毫米

离光窄通

"光"字高，离外郭近、离内郭远，"光"字末笔起笔有弧度，"通"字"甬"部头大"用"窄，满文"津"窄

J154

光背　十级

重　　2.28克
直径　21.80毫米
厚　　1.20毫米

J155

小样背右上左向立月下星
六级

重　　1.63克
直径　19.70毫米
厚　　1.10毫米

J156

背上星　八级

重　　2.26克
直径　22.15毫米
厚　　1.10毫米

J157

大样背上小星　八级

重	2.61克
直径	22.50毫米
厚	1.20毫米

J158

背上退大星　八级

重	2.54克
直径	21.30毫米
厚	1.40毫米

J159

背右上星　八级

重	2.15克
直径	22.60毫米
厚	1.08毫米

J160

背右上昂星　七级

重	3.68克
直径	22.50毫米
厚	1.50毫米

J161

背上短平　八级

重	2.00克
直径	22.12毫米
厚	1.00毫米

J162

背下仰月　九级

重	1.88克
直径	20.80毫米
厚	1.08毫米

J163

背下退星　九级

重	1.85克
直径	20.85毫米
厚	1.05毫米

J164

背下退大星　八级加

重	2.23克
直径	22.30毫米
厚	1.00毫米

J165

小样背下退星　九级

重	1.68克
直径	19.90毫米
厚	0.90毫米

分头通

辨识度高，背满文与大型窄穿有一定相似度

K166

光背　十级

重	2.19克
直径	21.75毫米
厚	1.10毫米

K167

小样光背细缘　九级

重	2.24克
直径	20.76毫米
厚	1.18毫米

K168

背上日　　九级
重　　　　2.15克
直径　　　21.68毫米
厚　　　　1.01毫米

K169

背上俯月　　九级
重　　　　2.46克
直径　　　21.49毫米
厚　　　　1.16毫米

K170

背上俯月　　十级
重　　　　2.23克
直径　　　21.45毫米
厚　　　　1.06毫米

K171

背上俯月　　十级
重　　　　2.50克
直径　　　21.25毫米
厚　　　　1.24毫米

K172

背上俯月　十级

重　　　2.84克
直径　　21.37毫米
厚　　　1.27毫米

K173

背上大俯月　八级

重　　　2.03克
直径　　20.88毫米
厚　　　1.11毫米

K174

背上升小俯月　十级

重　　　2.24克
直径　　21.16毫米
厚　　　1.12毫米

K175

背右上俯月　七级

重　　　2.34克
直径　　21.80毫米
厚　　　1.20毫米

K176

背右上左向立月　十级

重	2.15克
直径	20.92毫米
厚	1.22毫米

K177

背右上左向立月　十级

重	2.16克
直径	22.05毫米
厚	1.12毫米

K178

背右上左向立月　十级

重	2.20克
直径	20.86毫米
厚	1.11毫米

K179

背右上左向立月　十级

重	2.21克
直径	20.95毫米
厚	1.22毫米

K180

背右上左向立月　十级

重	2.23克
直径	20.85毫米
厚	1.26毫米

K181

背右上左向立月　十级

重	2.26克
直径	20.85毫米
厚	1.29毫米

K182

背上星　十级

重	2.58克
直径	21.99毫米
厚	1.19毫米

K183

背上阴星　十级

重	2.08克
直径	21.50毫米
厚	1.01毫米

K184

背上升星　十级

重	2.08克
直径	20.85毫米
厚	1.14毫米

K185

背上升小星　十级

重	2.26克
直径	20.98毫米
厚	1.23毫米

K186

背上升小阴星　十级

重	2.47克
直径	21.16毫米
厚	1.26毫米

K187

背上尖星（需甄别流铜）　十级

重	2.64克
直径	20.99毫米
厚	1.40毫米

K188

背上平　　九级加

重　　　　2.24克
直径　　　21.27毫米
厚　　　　1.07毫米

K189

背上短平　　九级加

重　　　　1.98克
直径　　　21.03毫米
厚　　　　1.04毫米

K190

背上进短平　　九级加

重　　　　2.47克
直径　　　21.28毫米
厚　　　　1.10毫米

K191

背左上小星　　九级

重　　　　2.05克
直径　　　20.86毫米
厚　　　　0.95毫米

K192

背左上小升星　九级

重	2.18克
直径	21.06毫米
厚	1.12毫米

K193

背左上大星　十级

重	2.33克
直径	21.15毫米
厚	1.18毫米

K194

背左上尖星　十级

重	2.44克
直径	21.95毫米
厚	1.18毫米

K195

背右上星　九级

重	2.49克
直径	21.15毫米
厚	1.11毫米

K196

背下日　十级
重　　　2.34克
直径　　20.99毫米
厚　　　1.20毫米

K197

背下日　十级
重　　　2.36克
直径　　20.33毫米
厚　　　1.10毫米

K198

背下日　十级
重　　　2.63克
直径　　21.39毫米
厚　　　1.33毫米

K199

背下日　十级
重　　　2.84克
直径　　21.45毫米
厚　　　1.32毫米

K200

背下仰月　六级
重	1.81克
直径	21.21毫米
厚	1.01毫米

K201

背下仰月　六级
重	1.92克
直径	21.05毫米
厚	0.98毫米

K202

背下进俯月　九级
重	2.17克
直径	21.43毫米
厚	1.19毫米

K203

背下进粗俯月　九级
重	2.35克
直径	21.20毫米
厚	1.19毫米

K204

背下星　十级

重	2.46克
直径	21.05毫米
厚	2.46毫米

K205

背下大星　九级

重	1.96克
直径	20.83毫米
厚	1.18毫米

K206

背左下星　十级

重	1.92克
直径	21.22毫米
厚	1.08毫米

K207

背左下阴星　八级

重	2.24克
直径	21.68毫米
厚	1.01毫米

K208

背左下小星　十级

重	1.24克
直径	21.10毫米
厚	1.24毫米

K209

背右下星　十级

重	2.11克
直径	21.00毫米
厚	1.07毫米

K210

背下平异书大型　五级

重	2.17克
直径	22.09毫米
厚	1.03毫米

K211

背下平异书大型　五级

重	2.19克
直径	22.23毫米
厚	1.09毫米

钩尾津

满文"津"主体呈倒立锥形，末笔长尾有钩

L212

光背　八级

重	2.53克
直径	21.30毫米
厚	1.20毫米

L213

背上小日　九级

重	2.03克
直径	21.00毫米
厚	1.13毫米

L214

背上俯月　九级

重	2.34克
直径	21.00毫米
厚	1.15毫米

L215

背上大俯月　八级

重	2.25克
直径	21.00毫米
厚	1.10毫米

L216

背左上左向立月　八级

重	2.10克
直径	20.75毫米
厚	1.06毫米

L217

背左上左向立月　八级

重	2.12克
直径	20.79毫米
厚	1.13毫米

L218

背左上左向立月　八级

重	1.62克
直径	20.80毫米
厚	1.00毫米

L219

背右上俯月　八级
重　　　2.74克
直径　　21.30毫米
厚　　　1.30毫米

L220

背右上左向立月　十级
重　　　2.15克
直径　　21.20毫米
厚　　　1.10毫米

L221

背右上左向立月　十级
重　　　2.43克
直径　　21.00毫米
厚　　　1.40毫米

L222

背右上左向立月　十级
重　　　2.52克
直径　　21.00毫米
厚　　　1.45毫米

L223

背右上左向立月　十级

重	2.58克
直径	21.30毫米
厚	1.30毫米

L224

背右上左向立月　十级

重	2.75克
直径	21.18毫米
厚	1.45毫米

L225

背右上左向立月　十级

重	2.14克
直径	21.20毫米
厚	1.20毫米

L226

背右上左向立阴月　八级加

重	2.33克
直径	21.28毫米
厚	1.11毫米

L227

背上星　十级

重	2.20克
直径	20.00毫米
厚	1.15毫米

L228

背上阴星　十级

重	2.23克
直径	21.20毫米
厚	1.20毫米

L229

小样背上星　九级

重	1.86克
直径	19.96毫米
厚	1.15毫米

L230

背左上星　十级

重	2.22克
直径	21.00毫米
厚	1.40毫米

L231

背左上昂星　九级

重	2.43克
直径	21.30毫米
厚	1.25毫米

L232

背右上星　七级

重	2.03克
直径	20.66毫米
厚	1.07毫米

L233

背下星　十级

重	2.88克
直径	21.20毫米
厚	1.45毫米

L234

背左下星　十级

重	2.41克
直径	21.00毫米
厚	1.20毫米

L235

背左下阴星　十级

重	2.29克
直径	20.90毫米
厚	1.20毫米

L236

背左下巨星　十级

重	2.38克
直径	20.70毫米
厚	1.10毫米

L237

背右下星　十级

重	2.98克
直径	21.20毫米
厚	1.55毫米

直尾津

满文"津"主体呈倒立锥形，末笔长尾无钩

M238

光背　十级

重　　　2.40克
直径　　20.80毫米
厚　　　1.25毫米

M239

背上俯月　十级

重　　　2.41克
直径　　21.35毫米
厚　　　1.30毫米

M240

背上俯月　十级

重　　　2.60克
直径　　21.10毫米
厚　　　1.40毫米

M241

背右上左向立月　十级

重	1.89克
直径	21.10毫米
厚	1.00毫米

M242

背右上左向立月　十级

重	2.20克
直径	21.15毫米
厚	1.19毫米

M243

背右上左向立月　十级

重	2.22克
直径	21.20毫米
厚	1.20毫米

M244

背右上左向立月　十级

重	2.38克
直径	21.26毫米
厚	1.18毫米

M245

背右上左向立月　十级

重　　　2.51克
直径　　21.00毫米
厚　　　1.25毫米

M246

背右上直月　九级

重　　　2.05克
直径　　21.12毫米
厚　　　1.05毫米

M247

背右上左下向月　十级

重　　　2.45克
直径　　21.30毫米
厚　　　1.20毫米

M248

背右上左向立阴月　八级

重　　　2.42克
直径　　21.46毫米
厚　　　1.20毫米

M249

背上星　十级

重　　　1.89克
直径　　20.70毫米
厚　　　1.00毫米

M250

背上阴星　十级

重　　　2.55克
直径　　21.25毫米
厚　　　1.30毫米

M251

背上小星　十级

重　　　2.40克
直径　　21.50毫米
厚　　　1.20毫米

M252

背左上小星　十级

重　　　2.81克
直径　　21.40毫米
厚　　　1.40毫米

M253

背右上昂星　九级

重　　　2.77克
直径　　21.18毫米
厚　　　1.33毫米

M254

背下星　十级

重　　　2.31克
直径　　21.10毫米
厚　　　1.20毫米

M255

背下星　十级

重　　　2.32克
直径　　21.05毫米
厚　　　1.20毫米

M256

背左下星　十级

重　　　2.15克
直径　　20.90毫米
厚　　　1.10毫米

M257

背左下星　十级

重	2.27克
直径	20.72毫米
厚	1.01毫米

M258

背左下阴星　十级

重	2.36克
直径	21.40毫米
厚	1.15毫米

M259

背左下大星　十级

重	1.95克
直径	20.58毫米
厚	0.94毫米

M260

背右下进星　十级

重	1.95克
直径	20.75毫米
厚	1.03毫米

M261

背右下退星　十级

重	2.17克
直径	20.90毫米
厚	1.13毫米

遒劲

　　与斜通宝有相似度，"通"较窄，"绪"较宽，满文"津"末笔短，尾有折无钩点靠上

N262

光背　八级

重	2.62克
直径	22.30毫米
厚	1.20毫米

N263

背上阴星　七级

重	2.44克
直径	22.00毫米
厚	1.50毫米

N264

背右上左向立月　七级

重　　　2.27克
直径　　22.60毫米
厚　　　1.20毫米

N265

背左上星　八级

重　　　2.65克
直径　　22.40毫米
厚　　　1.40毫米

N266

背左上尖星　八级

重　　　2.78克
直径　　22.20毫米
厚　　　1.30毫米

N267

背左下星　八级

重　　　2.66克
直径　　22.10毫米
厚　　　1.20毫米

N268

背右下星　八级

重　　　2.77克

直径　　21.80毫米

厚　　　1.40毫米

N269

背右下退星　八级

重　　　1.92克

直径　　20.60毫米

厚　　　1.00毫米

正字光折尾津

　　穿口正常，"光"末笔折方正笔直近九十度，满文较大，满文"津"主体呈倒立锥形，末笔有折

O270

光背　九级

重　　　2.47克

直径　　21.30毫米

厚　　　1.20毫米

O271

背左上右向仰月　九级

重	2.21克
直径	20.60毫米
厚	1.20毫米

O272

背右上左向俯月　八级

重	1.97克
直径	20.90毫米
厚	1.20毫米

广穿短尾津

穿口大，满文小短逼仄，满文"津"四角接郭，"津"尾特短或稍长而微有弧度

P273

光背　九级

重	2.35克
直径	20.63毫米
厚	1.16毫米

P274

背上斜直月　十级
重　　　2.33克
直径　　21.26毫米
厚　　　1.08毫米

P275

背上俯月　九级
重　　　2.45克
直径　　21.23毫米
厚　　　1.12毫米

P276

背上俯月　九级
重　　　2.49克
直径　　21.38毫米
厚　　　1.14毫米

P277

背左上俯月　九级
重　　　2.70克
直径　　21.22毫米
厚　　　1.22毫米

P278

背左上短直月　八级

重　　　　2.43克
直径　　　21.31毫米
厚　　　　1.19毫米

P279

背左上短直月　八级

重　　　　2.58克
直径　　　21.23毫米
厚　　　　1.25毫米

P280

背左上右向立月　十级

重　　　　2.27克
直径　　　21.39毫米
厚　　　　1.15毫米

P281

背左上右向立月　十级

重　　　　2.54克
直径　　　21.16毫米
厚　　　　1.25毫米

P282

背左上右向立月　十级
重　　　　2.77克
直径　　　21.55毫米
厚　　　　1.21毫米

P283

背左上左向退立月　十级
重　　　　2.03克
直径　　　21.41毫米
厚　　　　1.03毫米

P284

广穿短尾津　背左上左向
退立月　十级
重　　　　2.67克
直径　　　21.43毫米
厚　　　　1.23毫米

P285

背左上左向退立月　十级
重　　　　2.96克
直径　　　21.30毫米
厚　　　　1.48毫米

P286

背左上右向仰月　十级

重	2.53克
直径	21.58毫米
厚	1.23毫米

P287

背左上左向小月　十级

重	2.17克
直径	21.00毫米
厚	1.10毫米

P288

背左上左向小月　十级

重	2.54克
直径	21.27毫米
厚	1.20毫米

P289

左上右向退立月　十级

重	2.06克
直径	20.95毫米
厚	1.02毫米

P290

背右上直月　十级
重　　　2.44克
直径　　21.36毫米
厚　　　1.18毫米

P291

背右上左向立月　十级
重　　　2.70克
直径　　21.38毫米
厚　　　1.18毫米

P292

背右上右向立月　十级
重　　　1.87克
直径　　21.05毫米
厚　　　1.00毫米

P293

背右上右向立月　十级
重　　　2.65克
直径　　21.35毫米
厚　　　1.26毫米

P294

背上星　十级

重	1.94克
直径	21.25毫米
厚	1.00毫米

P295

背上阴星　十级

重	2.25克
直径	21.25毫米
厚	1.13毫米

P296

背上星下阴星　九级

重	2.33克
直径	20.10毫米
厚	1.12毫米

P297

背左上星　十级

重	2.31克
直径	21.24毫米
厚	1.16毫米

P298

背左上星　十级

重　　　2.48克
直径　　20.88毫米
厚　　　1.29毫米

P299

背下小星　十级

重　　　2.64克
直径　　21.53毫米
厚　　　1.24毫米

P300

背下大星　十级

重　　　1.72克
直径　　20.57毫米
厚　　　0.88毫米

P301

背左下星　八级

重　　　2.72克
直径　　21.29毫米
厚　　　1.37毫米

P302

背左下退星　八级

重	2.23克
直径	21.18毫米
厚	1.12毫米

P303

背右下星　十级

重	2.32克
直径	21.30毫米
厚	1.20毫米

P304

背右下进星　十级

重	2.20克
直径	21.32毫米
厚	1.09毫米

P305

背右下退星　十级

重	2.57克
直径	21.52毫米
厚	1.26毫米

P306

背左下阴星　八级

重	2.08克
直径	21.20毫米
厚	1.09毫米

P307

背右下阴星　八级

重	1.63克
直径	20.95毫米
厚	0.96毫米

广穿短尾津正字光

穿口大，"光"末笔折方正笔直近九十度，满文小短逼厃，满文"津"四角接郭，"津"尾特短或稍长而微有弧度

Q308

光背　十级

重	1.91克
直径	20.30毫米
厚	1.10毫米

Q309

光背　十级

重　　　2.17克

直径　　20.60毫米

厚　　　1.20毫米

Q310

光背　十级

重　　　2.29克

直径　　21.00毫米

厚　　　1.20毫米

Q311

背上日　十级

重　　　2.28克

直径　　20.70毫米

厚　　　1.20毫米

Q312

背上日　十级

重　　　2.59克

直径　　20.80毫米

厚　　　1.40毫米

Q313

背上小日　十级

重	2.17克
直径	20.90毫米
厚	1.20毫米

Q314

背上大日　十级

重	2.19克
直径	20.80毫米
厚	1.15毫米

Q315

背上接穿日　九级

重	2.35克
直径	20.90毫米
厚	1.20毫米

Q316

背上立月　八级

重	1.93克
直径	20.90毫米
厚	1.05毫米

Q317

背上立月　九级

重	2.06克
直径	20.80毫米
厚	1.10毫米

Q318

背上立月　九级

重	2.14克
直径	20.50毫米
厚	1.10毫米

Q319

背上立月　九级

重	2.30克
直径	20.80毫米
厚	1.20毫米

Q320

背上小立月　九级

重	1.75克
直径	20.50毫米
厚	1.00毫米

Q321

背上右向立月　八级

重	2.58克
直径	21.20毫米
厚	1.20毫米

Q322

背上右向立月　八级

重	2.70克
直径	21.30毫米
厚	1.30毫米

Q323

背上退立月　九级

重	2.09克
直径	21.20毫米
厚	1.10毫米

Q324

背左上右向立月　九级

重	2.22克
直径	21.00毫米
厚	1.10毫米

Q325

背左上右向立月　九级
重　　　2.34克
直径　　20.90毫米
厚　　　1.10毫米

Q326

背左上右向立月　九级
重　　　2.54克
直径　　20.50毫米
厚　　　1.25毫米

Q327

背左上右向立月　九级
重　　　2.59克
直径　　21.15毫米
厚　　　1.28毫米

Q328

背左上右向升立月　九级
重　　　2.77克
直径　　21.00毫米
厚　　　1.40毫米

Q329

背上俯月　九级

重　　　2.16克
直径　　20.70毫米
厚　　　1.20毫米

Q330

背上俯月　九级

重　　　2.23克
直径　　21.10毫米
厚　　　1.20毫米

Q331

背上俯月　十级

重　　　2.35克
直径　　20.90毫米
厚　　　1.30毫米

Q332

背上俯月　十级

重　　　2.39克
直径　　21.20毫米
厚　　　1.20毫米

Q333

背上俯月　十级

重	2.94克
直径	21.30毫米
厚	1.40毫米

Q334

背上仰月　九级

重	2.04克
直径	20.90毫米
厚	1.10毫米

Q335

背上仰月　九级

重	2.08克
直径	21.10毫米
厚	1.05毫米

Q336

背上仰月　九级

重	2.11克
直径	21.00毫米
厚	1.10毫米

Q337

背上仰月　九级
重　　　　2.47克
直径　　　21.00毫米
厚　　　　1.20毫米

Q338

背上仰月　九级
重　　　　2.80克
直径　　　21.10毫米
厚　　　　1.40毫米

Q339

背左上仰月　六级加
重　　　　2.47克
直径　　　20.90毫米
厚　　　　1.40毫米

Q340

背右上俯月　八级
重　　　　2.09克
直径　　　20.70毫米
厚　　　　1.20毫米

Q341

背右上俯月　八级

重	2.53克
直径	21.10毫米
厚	1.30毫米

Q342

背右上俯月　七级

重	2.13克
直径	20.85毫米
厚	1.12毫米

Q343

背右上短俯月　八级

重	2.47克
直径	21.50毫米
厚	1.20毫米

Q344

背右上短俯月　八级

重	2.49克
直径	20.90毫米
厚	1.40毫米

Q345

背左上星　八级

重	2.04克
直径	20.80毫米
厚	1.10毫米

Q346

背左上星　八级

重	2.20克
直径	21.15毫米
厚	1.01毫米

Q347

背右上星　七级

重	2.14克
直径	20.40毫米
厚	1.20毫米

Q348

背左下月　十级

重	2.13克
直径	21.00毫米
厚	1.10毫米

Q349

背左下月　十级

重	2.18克
直径	20.80毫米
厚	1.10毫米

Q350

背左下月　十级

重	2.54克
直径	21.10毫米
厚	1.20毫米

Q351

背左下小月　十级

重	2.30克
直径	20.80毫米
厚	1.20毫米

Q352

背右下月　八级

重	2.20克
直径	21.30毫米
厚	1.20毫米

Q353

背下仰月　九级加

重	1.84克
直径	20.60毫米
厚	0.97毫米

Q354

背下仰月　九级加

重	2.06克
直径	20.80毫米
厚	1.00毫米

Q355

背下仰月　九级加

重	2.20克
直径	20.70毫米
厚	1.30毫米

Q356

背下升阴星　八级

重	2.03克
直径	20.50毫米
厚	1.00毫米

Q357

背下退阴星　八级

重	2.02克
直径	20.35毫米
厚	1.15毫米

Q358

背左下星　八级

重	1.82克
直径	20.00毫米
厚	1.00毫米

Q359

背左下星　八级

重	2.36克
直径	21.20毫米
厚	1.30毫米

Q360

背左下星　八级

重	2.39克
直径	20.73毫米
厚	1.11毫米

Q361

背左下退星　　八级

重	1.71克
直径	20.50毫米
厚	1.00毫米

Q362

小光光背　　八级

重	1.11克
直径	18.13毫米
厚	0.78毫米

Q363

小光背上俯月　　八级

重	1.37克
直径	19.20毫米
厚	0.90毫米

Q364

小光背上俯月　　八级

重	1.38克
直径	19.00毫米
厚	0.90毫米

Q365

小光背上俯月　八级

重　　　1.31克
直径　　19.50毫米
厚　　　0.90毫米

Q366

小光背上仰月　八级

重　　　1.08克
直径　　18.60毫米
厚　　　0.80毫米

Q367

小光背上星　八级

重　　　1.40克
直径　　18.70毫米
厚　　　0.90毫米

Q368

小样小光背上星　八级

重　　　1.10克
直径　　17.57毫米
厚　　　0.80毫米

Q369

小光背上进星　十级

重	1.52克
直径	20.00毫米
厚	0.90毫米

Q370

小光背上退星　十级

重	1.56克
直径	19.62毫米
厚	0.87毫米

Q371

小光背上阴星宽缘　九级

重	1.38克
直径	19.50毫米
厚	0.90毫米

Q372

小光背上阴星窄缘　九级

重	1.13克
直径	17.70毫米
厚	1.00毫米

Q373

小光背右上阴星　九级

重	1.57克
直径	19.40毫米
厚	1.20毫米

广穿短尾津正字开足光

穿口大，"光"下两笔距离远，末笔长且折方正笔直近九十度，满文小短逼尺，满文"津"四角接郭，"津"尾特短或稍长而微有弧度

R374

背右下左向立月　八级加

重	2.35克
直径	21.30毫米
厚	1.10毫米

R375

背上右向立月　七级

重	2.66克
直径	20.00毫米
厚	1.40毫米

正字光混配

穿口正常，"光"末笔折方正笔直近九十度，满文"津"短小窄，末笔长弧度大，"津"点狭长弯曲，"津"第一、第二斜横平行，满文"宝"稍大

S376

背下仰月　七级

重	2.25克
直径	20.70毫米
厚	1.20毫米

容弱

文字纤弱漶浅，满文"津"短小窄，末笔长弧度大，"津"点狭长弯曲，"津"第一、第二斜横平行，满文"宝"稍大

T377

光背　十级

重	1.79克
直径	20.05毫米
厚	1.00毫米

T378

背左上右向仰立月　十级

重　　　1.60克
直径　　19.90毫米
厚　　　0.90毫米

T379

背左上右向立月下退星
七级

重　　　1.57克
直径　　20.01毫米
厚　　　1.00毫米

T380

背左上右向仰立短月
十级

重　　　1.46克
直径　　19.71毫米
厚　　　0.82毫米

T381

背左上右向仰立短月
十级

重　　　1.92克
直径　　20.05毫米
厚　　　1.20毫米

T382

背左上右向仰立短月
十级

重	1.98克
直径	20.50毫米
厚	1.03毫米

T383

背上阴星　八级

重	1.64克
直径	20.02毫米
厚	1.00毫米

T384

背左上星　八级

重	1.77克
直径	20.05毫米
厚	1.10毫米

T385

背右上星　八级

重	2.18克
直径	20.05毫米
厚	1.10毫米

T386

背下星　八级

重	1.88克
直径	20.05毫米
厚	1.00毫米

T387

背下进星　九级

重	1.75克
直径	20.00毫米
厚	1.00毫米

T388

背下阴星　八级

重	2.44克
直径	20.05毫米
厚	1.40毫米

T389

背下进阴星　八级

重	1.97克
直径	20.24毫米
厚	1.03毫米

T390

背下进大阴星　八级

重	2.00克
直径	20.03毫米
厚	1.10毫米

T391

背下进大阴星　八级

重	2.14克
直径	20.22毫米
厚	1.19毫米

T392

背下退降阴星　八级

重	1.77克
直径	20.50毫米
厚	1.00毫米

T393

背左下退降星　八级加

重	1.60克
直径	19.82毫米
厚	0.86毫米

尔宝

宝字从"尔"

U394

背上星　五级

重	1.94克
直径	19.65毫米
厚	1.03毫米

千字文

辨识度高

V395

离光窄通背上日　三级加

重	1.91克
直径	20.40毫米
厚	1.00毫米

V396

离光窄通背上元无钩　四级

重	2.76克
直径	20.75毫米
厚	1.60毫米

V397

分头通背上往　五级

重	2.07克
直径	21.10毫米
厚	1.00毫米

V398

分头通背上来　五级

重	2.68克
直径	21.40毫米
厚	1.25毫米

V399

分头通背上来　五级

重	2.04克
直径	21.15毫米
厚	0.98毫米

V400

分头通背上宇　五级

重	1.91克
直径	21.18毫米
厚	1.00毫米

V401

分头通背上宇　五级

重	1.97克
直径	19.30毫米
厚	1.30毫米

V402

分头通宽缘背上宇　五级

重	2.24克
直径	21.44毫米
厚	1.10毫米

V403

分头通细缘背上宇　五级

重	1.78克
直径	19.30毫米
厚	1.10毫米

V404

分头通背上日　五级

重	2.69克
直径	21.50毫米
厚	1.40毫米

V405

广穿短尾津正字光小光背
上宇　三级

重	2.02克
直径	20.30毫米
厚	1.05毫米

V406

广穿短尾津正字光小光背
上日　三级

重	2.13克
直径	20.80毫米
厚	1.30毫米

V407

广穿短尾津正字光小光背
上元　三级

重	1.78克
直径	20.30毫米
厚	0.97毫米

V408

直手津背上日　四级

重	2.16克
直径	19.80毫米
厚	1.20毫米

V409

直手津背上日　四级

重	2.21克
直径	19.80毫米
厚	1.10毫米

V410

直手津类千字文去字
四级

重	2.31克
直径	20.50毫米
厚	1.10毫米

手类

　　手类钱面文同于本手，满文为"津"，直手津"宝"字从"尔"，"通"字方头，背满文与大型窄穿有一定相似度；东手津"宝"字从"尔"，"通"字角头，满文"津"第三、第四斜横接成圆弧；方头通"宝"字从"缶"，"通"字方头

W411

直手津光背　　七级

重	3.42克
直径	22.75毫米
厚	1.40毫米

W412

直手津光背　　八级

重	4.22克
直径	23.20毫米
厚	1.55毫米

W413

直手津光背　　八级

重	3.27克
直径	23.40毫米
厚	1.50毫米

光绪宝津局制钱

W414

东手津光背　八级

重　　　2.72克
直径　　23.30毫米
厚　　　1.15毫米

W415

方头通光背　八级

重　　　2.57克
直径　　21.50毫米
厚　　　1.20毫米

W416

方头通背左下星　七级

重　　　1.52克
直径　　21.40毫米
厚　　　0.90毫米

其他

辨识度高或借助技术手段检测出的少见品

X417

合面背逆180度　五级

重	1.11克
直径	18.10毫米
厚	0.80毫米

X418

异书背下仰月孕星　五级

重	2.78克
直径	21.75毫米
厚	1.50毫米

X419

长尾津中样背上小日木刻式
八级

重	2.95克
直径	21.66毫米
厚	1.33毫米

X420

离光窄通背上星　六级

重	1.60克
直径	22.50毫米
厚	1.00毫米
主要成分占比	锌92.54%
	铜2.49%
	锡2.21%
	铅2.70%

X421

广穿短尾津背左上右向立月
六级

重	2.29克
直径	21.25毫米
厚	1.35毫米
主要成分占比	铜91.68%
	锌5.11%
	铅0.87%
	铌0.70%

X422

广穿短尾津背右下进星
七级

重	2.44克
直径	21.38毫米
厚	1.20毫米
主要成分占比	铜79.85%
	锌14.69%
	铅0.91%
	轻元素4.25%

X423

道劲背左上星　六级

重	1.79克
直径	22.03毫米
厚	1.08毫米
主要成分占比	铜96.90%
	锌1.69%
	锡0.11%
	铅1.18%

X其他

附1　宝津局相同版式制钱铜含量悬殊，从左至右分别是35%、58%、81%

附2　宝津局各版式铜含量较高的制钱，这类钱应注意与经酸洗后发红泛铜的钱币区分，相关数据见附录二

私铸

较同期官铸制钱薄小漶漫

Y424

美制　七级

重　　　1.78克
直径　　20.90毫米
厚　　　0.95毫米

Y425

美制　七级

重　　　2.15克
直径　　21.50毫米
厚　　　0.95毫米

Y426

重宝背当拾　七级

重　　　2.68克
直径　　24.00毫米
厚　　　0.98毫米

机制币

辨识度高

Z427

大字大满文　八级

重	3.46克
直径	23.22毫米
厚	1.22毫米

Z428

大字大满文背逆　五级

重	3.56克
直径	23.20毫米
厚	1.30毫米

Z429

大字大满文背逆　五级

重	3.81克
直径	23.23毫米
厚	1.32毫米

Z430

菱头通大满文　八级

重　　　2.87克
直径　　23.30毫米
厚　　　1.10毫米

Z431

菱头通小满文大点津　八级

重　　　2.85克
直径　　23.36毫米
厚　　　1.00毫米

Z432

菱头通小满文小点津　七级

重　　　2.85克
直径　　23.36毫米
厚　　　1.00毫米

Z433

方头通小满文圆点津　七级

重　　　2.80克
直径　　23.50毫米
厚　　　1.10毫米

Z434

方头通小满文小点津　七级

重	2.90克
直径	23.50毫米
厚	1.00毫米

Z435

行楷体大满文　八级

重	2.81克
直径	23.20毫米
厚	1.00毫米

Z436

行楷体大满文背逆　五级

重	2.88克
直径	23.10毫米
厚	1.10毫米

Z437

行楷体小满文大点津
九级加

重	3.10克
直径	23.30毫米
厚	1.00毫米

Z438

行楷体小满文小,点津　七级

重　　　2.51克
直径　　23.30毫米
厚　　　0.90毫米

趣味品

毛边

※ 正面

※ 反面

重文

※ 正面

※ 反面

待定

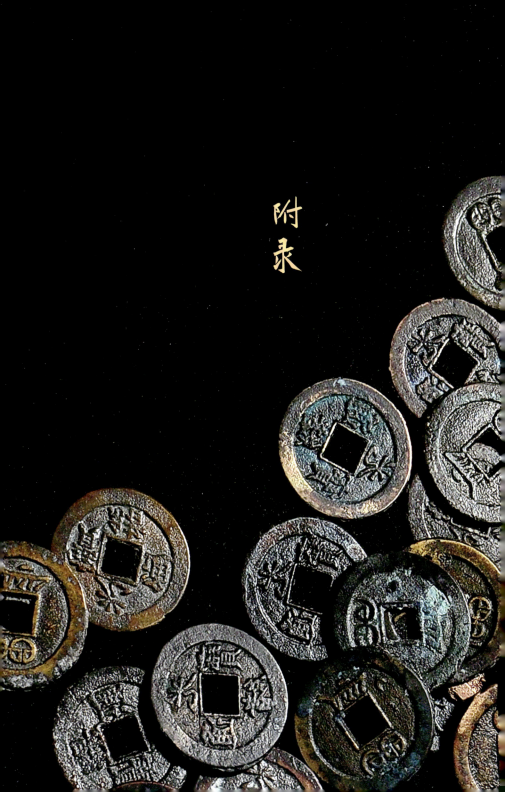

附录

附录一

表一　北洋范围主要相关省份铸钱情况

时间	省别	局别	重量	铸造情况及铸造成本	资料出处
光绪十三年（1887年）	直隶	宝津局	一钱	在东局子创设宝津局，土法鼓铸，成本过高，后停铸	直隶总督李鸿章奏折
光绪十四年（1888年）	直隶	宝津局	一钱	购买英国造币机器，投入生产，年铸一千文合工本制钱二千三百三十七文七毫	直隶总督李鸿章奏折
光绪二十二年（1896年）	直隶	天津机器局	八分	开炉十二座，土法与机器生产并存时期	直隶总督王文韶奏折
光绪二十四年（1898年）	直隶	天津机器局	七分	自本年正月起奏准改铸七分重制钱	直隶总督王文韶奏折
光绪二十五年（1899年）	直隶	天津机器局	八分	年铸钱一千文实亏成本制钱四百九十一文	直隶总督裕禄奏折

续表一

时间	省别	局别	重量	铸造情况及铸造成本	资料出处
光绪十三年（1887年）	山东	宝东局	一钱	自本年五月起，一年内先铸钱十万串搭解户部，烟台市面行用制钱，每铸制钱一千文，约合银七钱六分九厘七毫一丝	山东巡抚张曜奏折
光绪十三年（1887年）	山西	宝晋局	一钱	遵旨派员赴山东买铜运晋开炉鼓铸	山西巡抚刚毅奏折
光绪二十六年（1900年）	山西	宝晋局	七分四厘	遵旨于二十五年十一月先开一炉，本年添一炉，鼓铸制钱，每月可铸出二千串	护理山西巡抚布政使何枢奏折
光绪二十四年（1898年）	河南	宝河局	七分	本省试办铸钱事属创始，每月十炉，可铸钱八千六百四十串	河南巡抚刘树棠奏折
光绪二十五年（1899年）	奉天		五分、四分	遵旨鼓铸，每日可造东钱一千六百余串	奉天将军增祺奏折
备注	据记载天津局减至五分半，实际至于更轻达三分者也为官铸				

附录二

表二　光绪宝津局制钱主要版式及相关局制钱金属成分表

（%）

序号	版式分类	Cu	Zn	Sn	Pb	Mo	Fe	Cd	LEC	Nb	Sb	Ni	W	Zr	Cr	Ag
1	管穿大样	65.41	33.24	0.379	0.524		0.419									
2	小字类大型	58.26	39.35	0.622	1.19		0.400					0.171				
3	小字类小型	58.03	32.65	0.913	5.59		1.02			1.01						
4	美制	60.21	37.19	0.195	1.33		0.949									
5	美制（与宝沽局对比者）	61.97	36.41	0.353	0.799		0.468									
6	美制背大月	43.79	48.37	0.898	3.69		1.05									
7	美制小型背阴星	59.60	32.74	0.803	4.78		1.02				0.949					
8	长尾津大样①	56.85	38.57	0.686	1.46								2.34			
9	长尾津大样②	58.86	40.05	0.536	0.561											
10	长尾津小点津大样	60.81	37.04	0.658	0.711		0.671									

续表二 (%)

序号	版式分类	Cu	Zn	Sn	Pb	Mo	Fe	Cd	LEC	Nb	Sb	Ni	W	Zr	Cr	Ag
11	长尾津大样偏红铜①	66.46	30.65	0.864	0.970											
12	长尾津大样偏红铜②	70.37	26.75	0.947	1.36											
13	长尾津大样偏红铜③	75.38	21.80		1.17		1.65									
14	断笔光	55.36	41.99	0.942	1.45											
15	斜通宝小型	68.75	26.39	0.326	1.61		2.76					0.136				
16	斜通宝大型	54.55	42.09	1.11	1.46		0.292			0.163						
17	斜通宝偏红铜	72.10	26.10	0.527	0.792		0.485									
18	离光窄通	62.64	25.44	1.04	6.67		2.41				1.2	0.175				
19	离光窄通锌质	2.49	92.54	2.21	2.70											
20	分头通	53.88	40.88	0.956	2.88		0.428		0.875							
21	钩尾津	52.73	42.84	0.151	2.75		1.34	0.056								

续表一　　　　　　　　　　　　　　　　　　　　　　　　　　（%）

序号	版式分类	Cu	Zn	Sn	Pb	Mo	Fe	Cd	LEC	Nb	Sb	Ni	W	Zr	Cr	Ag
22	钩尾当偏红铜	69.96	29.08		0.517		0.441									
23	直尾津	65.51	28.93	2.76	2.07		0.576									
24	直尾津偏红铜	72.48	25.75		0.585		1.09									
25	遒劲	64.75	32.41		0.83		0.993									
26	遒劲红铜质	96.90	1.69	0.111	1.18											
27	正字光折尾津	47.99	44.22	1.86	4.05		0.818				0.752	0.204				
28	广穿短尾津①	51.52	45.72		0.859		1.03			0.385						
29	广穿短尾津②	50.30	46.62		1.48		1.59									
30	广穿短尾津偏红铜①	77.12	22.02		0.372		0.485									
31	广穿短尾津偏红铜②	69.65	24.29	0.697		3.34	1.03				0.841					
32	广穿短尾津偏红铜③	65.80	33.16		0.497		0.492									

序号	版式分类	Cu	Zn	Sn	Pb	Mo	Fe	Cd	LEC	Nb	Sb	Ni	W	Zr	Cr	Ag
33	广穿短尾津红铜质	91.68	5.11		1.29		0.447			0.699					0.348	
		34	8.81		0.868											
		35	5.83		1.09		0.207									
34	广穿短尾津正字光	47.50	45.05		2.24		1.32			0.321		0.131	3.06			
35	广穿短尾津正字光偏红铜	66.41	24.31	0.828	5.57		1.43				1.26					
36	广穿短尾津正字开足光①	76.71	20.12	0.301	1.44		1.14				0.252					
37	广穿短尾津正字开足光②	80.95	18.06		0.756		0.233									
38	容弱	59.19	22.97	0.362	5.74		0.651									
39	尔宝	50.47	37.81	0.604		1.11	1.07			2.27	0.879			0.326		
40	分头通背字	53.3	39.86		4.03	0.598				1.45						
41	分头通背字窄边小型	61.92	30.04	0.827	4.62		1.22				0.949	0.117				

续表二 （%）

序号	版式分类	Cu	Zn	Sn	Pb	Mo	Fe	Cd	LEC	Nb	Sb	Ni	W	Zr	Cr	Ag
42	阁光窄通背大日	62.94	27.00	0.918	5.99		1.92				1.12					
43	直手津背日	56.01	36.64	0.683	4.5		1.03				0.935	0.122				
44	直手津去字	58.17	28.73	2.43	7.23		1.51				1.32	0.382				
45	分头通背往	63.49	20.84	1.47	9.25		3.08				1.09	0.294				
46	手类乐手津	72.70	24.75		0.857		0.929			0.379						
47	手类直手津①	67.72	34.98	0.593	1.58											
48	手类直手津②	61.13	36.41	0.64	1.79											
49	手类方头通津	47.81	45.50	0.735	3.36								2.48			
50	津局月孕星	65.78	28.70	3.95	1.29											
51	后期小制钱①	55.89	32.03	0.469	11.12						0.184					
52	后期小制钱②	66.31	24.57	1.23	4.67		1.15			0.446	1.15					

序号	版式分类	Cu	Zn	Sn	Pb	Mo	Fe	Cd	LEC	Nb	Sb	Ni	W	Zr	Cr	Ag
53	后期小制线③	59.40	33.99	0.729	3.94		0.736					0.212				
54	合面	63.24	25.23	1.26	6.17		2.44				1.38					
55	私一	59.05	32.57	1.23	5.22		0.976				0.800		2.34			
56	私二	67.87	23.83	1.72	4.46		1.12				0.766					
57	私当十	59.88	30.44	0.943	6.17		1.44				0.773					
58	机制币	74.11	22.64	0.325	0.316		0.392		2.15							
59	泉局大样样本①	58.01	34.98	0.357	5.03		1.38									
60	泉局大样样本②	61.93	33.35	0.620	2.80		0.801				0.453					
61	私泉	57.89	32.16	0.793	6.22		1.68				1.08					
62	宝沽局	59.66	33.06	4.91	1.88		0.264									
63	宝直局大型	60.63	36.61	0.609	1.82		0.275									

续表二 （%）

序号	版式分类	Cu	Zn	Sn	Pb	Mo	Fe	Cd	LEC	Nb	Sb	Ni	W	Zr	Cr	Ag
64	宝直局小字类大型	56.47	38.71	0.406	3.45		0.961									
65	一期宝晋局	68.05	29.17		2.28		0.496									
66	二期宝晋局	61.07	37.19	0.617	0.913											
67	宝东局大型	49.84	47.93		1.11		1.05									
68	宝库局大型	57.32	38.42	0.225	2.48		1.55									
69	宝库局小型	67.22	30.81	0.533	0.759											
70	宝河局样本①	57.89	35.21	1.85	3.27		0.914				0.582					
71	宝河局样本②	62.99	33.00	0.711	1.80		1.49									
72	宝河局背云	59.01	33.10	0.983	4.76		0.925				0.919					
73	宝吉局①探光短尾宝大	66.49	28.68	0.189	1.93		2.58									
74	宝吉局②方头通长通宝	50.14	44.08	0.975	3.45		0.951									

续表二 (%)

序号	版式分类	Cu	Zn	Sn	Pb	Mo	Fe	Cd	LEC	Nb	Sb	Ni	W	Zr	Cr	Ag
75	宝吉局③缩字长通大满	81.23	8.37	2.75	5.21		2.18				0.191					
76	宝吉局④大字异书小满	65.13	28.23	0.718	4.73						0.351					0.685
77	宝吉局⑤楷书小字退光	58.94	34.37	0.639	2.87		3.19									
78	宝吉局⑥缩字长通小满	60.41	35.19	1.56	1.85		0.701					0.162				

备注：样品为随机抽取，数值仅供参考。

附录三

表三　光绪机制方孔制钱金属成分表

局别	成分/%				
	Cu	Zn	Sn	Pb	Fe
宝武局	61.33	37.15	0.352	1.03	
宝吉局	66.45	32.41	0.402	0.741	
宝苏局	79.94	14.60	4.11	1.14	
宝浙局	65.58	32.72	0.573	1.12	
宝宁局	64.32	34.29		0.553	0.831
宝津局行楷体	73.51	25.89	0.238	0.258	
宝广局库平一钱	61.86	37.47		0.546	
宝广局八分长尾无钩	62.63	37.03			
宝广局八分长尾有钩	59.49	38.73	0.417	1.27	

备注：因每一种金属成分有上下浮动值，数值相加有可能不是百分之百，数据仅作参考。

附录四

宝津局后期减重制钱

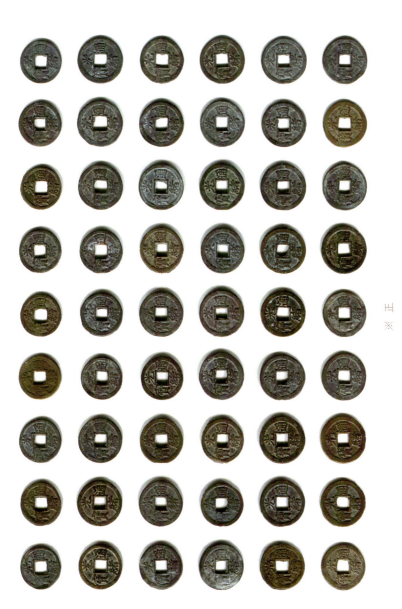

正※

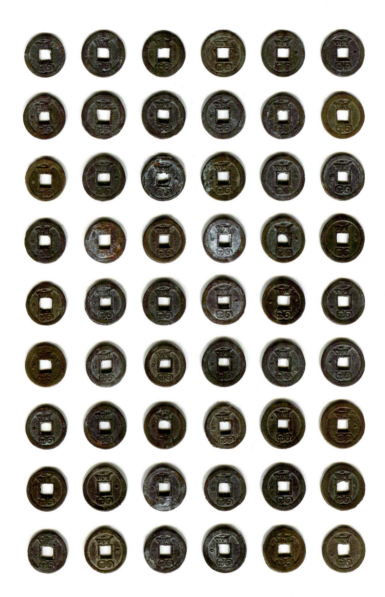

※ 反 。

附录五

表四　未收入图谱的光绪宝津局制钱版式统计表

（部分版式因故未入谱，暂不定级）

序号	版式名称	具体版式特征
1	长尾津大样	背左上小星
2	长尾津大样	背下阴星
3	长尾小点津断笔光大样	背上日
4	离光窄通	混配广穿短尾津背背上右向立月
5	分头通异书	背上平
6	分头通	背下巨星
7	直尾津	背上平
8	遒劲	背左上退星
9	广穿短尾津	背上下阴星
10	广穿短尾津	背左上左向立月上下阴星
11	广穿短尾津正字光	小光背左上退星
12	广穿短尾津正字光	小光背右上星
13	尔宝	正字光背满文"津"异书
14	尔宝	光背
15	尔宝	背上阴星
16	尔宝	背左上星
17	千字文	背"宙""锟""河""月""正""文"等字及与图谱中千字文背字相同版式不同
18	其他	异书光背
19	其他	异书背上俯月孕星

序号	版式名称	具体版式特征
20	手类	方头通背下星
21	机制币类	机制币版式划分标准与翻砂币区别极大，以配图作为方法实例，可以以逐字组合区分
备注		因技术局限，宝津局制钱铸造中会出现因铸造原因造成的同版式内差异，这种差异和版式差异的性质不同，但有时难以区分。同时，由于宝津局制钱制造中有印范、活字等方法的运用，以母钱区分版式并不准确、适宜，所以下编图谱中有极个别不深究是铸造原因还是版式问题造成差异的钱币图片并列现象，目的是以求为读者提供全面的识别素材，同时各版式间及版式内部存在过渡现象。本书下编图谱中列举了部分材质特殊的宝津局钱币，材质的特殊性有的是无意识造成，有的是有意为之，后一类特殊材质品种有类似铅锡类印范钱、试铸钱等，这一类未列入本书，还有不好识别的以子钱形成的工作母钱、软质母钱、机制母钱等特殊性质品种未列入本书，即使是"行用制钱"，也尚有新的版式有待发现。最后，下编图录、附录增补、封底图片共同构成完整的宝津局制钱图谱

补充新品

439

美制　窄满文　九级

重	3.12克
直径	22.55毫米
厚	1.30毫米

440

长尾津大样　背下降星
十级

重	2.53克
直径	22.38毫米
厚	1.20毫米

441

千字文　广穿短尾津正字光
小光背上日　三级

重	1.58克
直径	20.40毫米
厚	1.07毫米

442

长尾津大样　背下星　十
级

重	2.85克
直径	22.72毫米
厚	1.28毫米

443

分头通　背左上退星　九级
重　　　2.44克
直径　　21.47毫米
厚　　　1.21毫米

444

长尾小点津大样　背下星
十级
重　　　2.72克
直径　　22.32毫米
厚　　　1.23毫米

445

长尾津小样　背右下星
重　　　1.06克
直径　　17.65毫米
厚　　　0.96毫米

446

小字　特大样窄满文　八级
重　　　5.00克
直径　　24.44毫米
厚　　　1.87毫米

447

长尾津中样　背上星　十级

重	2.31克
直径	21.83毫米
厚	1.09毫米

448

长尾津大样　背下仰月
九级

重	2.58克
直径	22.44毫米
厚	1.19毫米

449

长尾小点津大样　背左下星
十级

重	2.72克
直径	22.36毫米
厚	1.22毫米

450

直尾津　背上俯月　十级

重	2.53克
直径	21.20毫米
厚	1.36毫米

451

长尾津中样　背上特大日
十级

重	2.17克
直径	21.43毫米
厚	0.96毫米

452

分头通　背上俯月　十级

重	2.51克
直径	21.95毫米
厚	1.30毫米

453

广穿短尾津正字光　背上
俯月　十级

重	2.02克
直径	20.85毫米
厚	1.20毫米

454

千字文　分头通背上宽日
五级

重	2.07克
直径	21.22毫米
厚	0.95毫米

455

离光窄通　背下退特大星

（需甄别流铜）　八级

重　　　　2.35克

直径　　　22.10毫米

厚　　　　0.99毫米

456

广穿短尾津正字光　小光

背上俯月窄缘　八级

重　　　　1.44克

直径　　　18.05毫米

厚　　　　0.97毫米

457

长尾小点津大样　背上左向

俯月　十级

重　　　　3.02克

直径　　　22.30毫米

厚　　　　1.28毫米

458

离光窄通　背上右降星下

星　九级

重　　　　1.70克

直径　　　20.58毫米

厚　　　　0.89毫米

459

大型窄穿　背上接郭阴星

八级

重　　　3.82克

直径　　23.90毫米

厚　　　1.52毫米

※ 宝津局机制制钱版
式识别方法示例

罕见的光绪宝库局制钱一套

※ 宝库局与宝东局联系紧密，与津、直两局亦有联系（正）

※ 宝库局与宝东局联系紧密，与津、直两局亦有联系（反）

※ 由于宝库局制钱罕见，20世纪90年代即有仿品出现，此为两枚改刻伪品

东南地区较少见的光绪制钱版式

※ 用于对照宝津局制钱（东南—正）

※ 用于对照宝津局制钱（东南—反）

西南地区较少见的光绪制钱版式

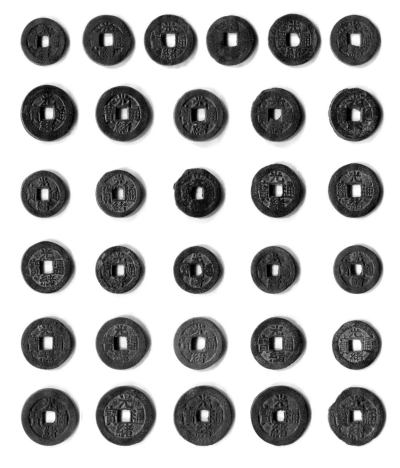

※ 用于对照宝津局制钱（正）

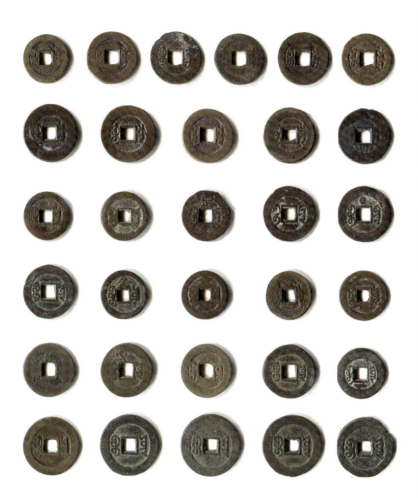

※ 用于对照宝津局制钱（反）

附录九

其他地区较少见的光绪制钱版式

※ 用于对照宝津局制钱（正）

※ 用于对照宝津局制钱（反）

宝泉局厚型制钱

※ 部分有类似宝津局美制版式制钱及少量窄穿大样版式制钱横锉边工艺的
　泉局厚钱（正）

※ 部分有类似宝津局美制版式制钱及少量窄穿大样版式制钱横锉边工艺的
　泉局厚钱（反）

附录十一

版式较为少见的宝源局制钱

※ 宝源局少见版式（正）

※ 宝源局少见版式（反）

附录十二

不同版式的泉源局千字文

　　泉源局千字文制钱第二至第五套，版式均不相同，依据日本有
关光绪制钱的图谱资料，宝源局有勤厂的设置，所以千字文有七厂铸
造，而查史可知宝源局只有旧厂、新厂的设置，没有勤厂，中央局的
勤炉、俸炉的铸造行为具有临时性特点，而且各厂可以同开勤炉且铸
行版式可以一致，七厂之分是因为存在作为库房的宝泉局中厂。

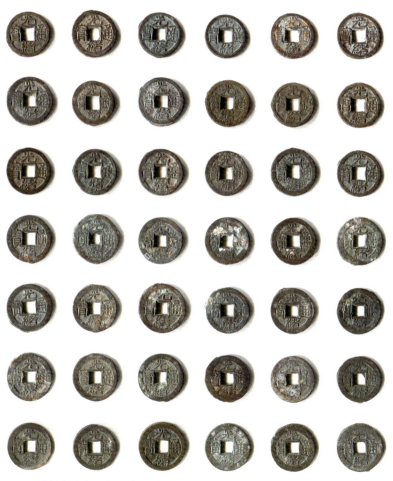

※ 不同版式的泉源局千字文第二组（正）

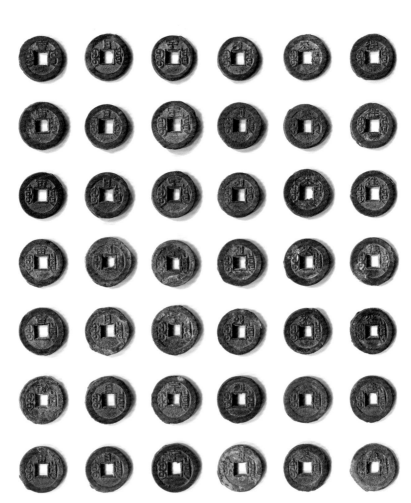

※ 不同版式的泉源局千字文第二组（反）

※ 不同版式的泉源局千字文第三组（正）

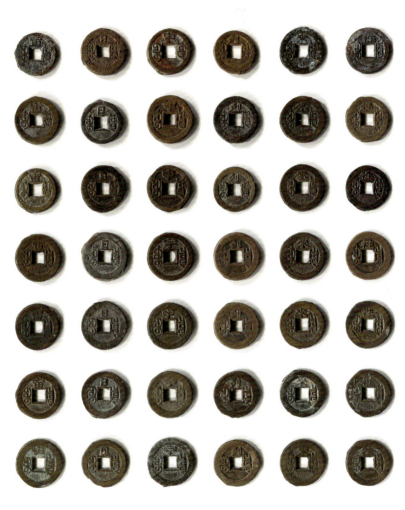

※ 不同版式的泉源局千字文第三组（反）

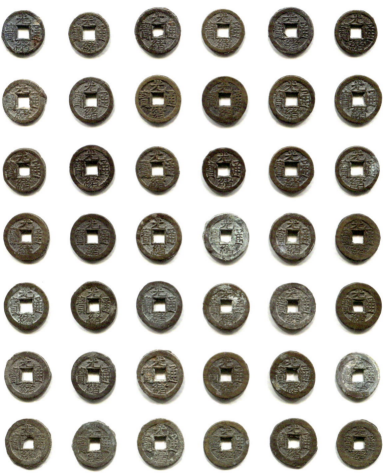

※ 不同版式的泉源局千字文第四组（正）

※ 不同版式的泉源局千字文第四组（反）

※ 不同版式的泉源局千字文第五组（正）

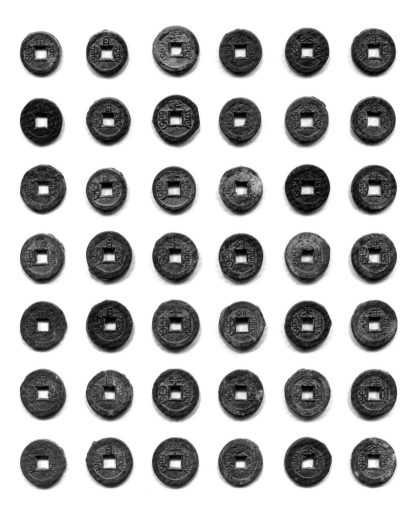

※ 不同版式的泉源局千字文第五组（反）

罕见版式及材质的泉源局千字文

※ 罕见版式及材质的泉源局千字文（正）

※ 罕见版式及材质的泉源局千字文（反）

后记

现在可见的光绪制钱专谱只有日本人所编者及其衍生物。虽然有可资借鉴之处，而已然不全还错漏过多，误导不少；所以说光绪制钱无谱不算过分。

光绪制钱是我们自己的历史遗留物，曾经与我们先人的生活紧密相连，记录着过往的信息，也同样承载着厚重的历史，由我们去研究、还原真是应当应分的责任。

光绪制钱的版式极其复杂，相关史料又极其缺乏，以至于多少收藏爱好者浅尝后即急于"脱坑"，永不再见。对光绪制钱版式的探索虽然充满了挑战，却也充满了诱惑。这些诱惑和心得于写作过程中一次次激励着我的内心。光绪制钱版式的汇总需要多人的合力，一个人去做，只能以某个钱局为突破口层层推进，而这个钱局最好是具有一定的辐射性和影响力，不但更有意义，也容易由此及彼、由表及里，相互印证而不断地接近真相，作为北洋制钱业核心的宝津局应当是一个不错的选择。

在资源枯竭的现状下，精细化研究已经成为必然，在深度上下足功夫一样是在还原历史的本来面目。本着这个理念，我一年前开始关注以光绪宝津局制钱为重点的历史实物，在实证分析的基础上跑遗址、看馆藏、查资料，利用工余一切可以利用的时间反复推敲，与友论道，日耕不辍，从正式动笔迄今正好百日，册子草创，尚显粗陋，还需补遗。

中国的古钱币自范铸到翻砂至近代新式铸钱法，因技法的不同而版式的概念屡有变化，受近代工业技术的影响，宝津局制钱的铸造方法不拘一格，由此带来的就是版式的繁多、复杂，本书所列版式是在充分考虑铸造特点的基础上尽可能科学地做出分类。本书各版式的排序是秉承制钱减重的过程和版式的内在联系由大至小，按照上下左右的顺序和光背、日月星平的炉记分类所做，其实由于宝津局极有可能多厂同时开工，这种排序只能是权宜之计，并不能真正体现前后的分期。本书正文插图部分配合文字围绕宝津局做延伸，所用钱币图片尽量取少见的品种、版式，目的就是想尽量在"耳熟能详"的基础上拓宽接触面。

早在十五年前我就曾着手钱币类资料的整理工作，但宝津局制钱这个选题实在是在意料之外，不管怎么说也算完成了夙愿，以后的路还长，可供学习的种类还多，希望这本小册子是一个好的开端。

不信青春唤不回，不容青史尽成灰，以此作为一年实操的总结，是为后记。

壬寅年上元佳节大吉